I0004268

{ El Arte del Emprendedor Digital }

Una guía de desarrollo personal y técnico
para la creación de proyectos software
emprendedores altamente escalables

Rafael Gómez Blanes

Primera Edición – Junio de 2020 - #02#

Rafael Gómez Blanes - Copyright © 2020

Todos los derechos reservados

El Arte del Emprendedor Digital

Una guía de desarrollo personal y técnico

para la creación de proyectos software emprendedores

altamente escalables

www.rafablanes.com

ISBN: 9798651095278

Editado y publicado por Hub de Libros

www.hubdelibros.com

HUB DE LIBROS

Plataforma Editorial
de Publicación Abierta

A mis padres, hermana y mis hijas, Luna y Beatriz
A mi pareja Mercedes
A todos aquellos autores que tanto me han enseñado

ÍNDICE

{ Prólogo }

—

Desarrollo personal, arquitectura software y emprendimiento. ¿Qué tienen en común estas materias? Muchísimo más de lo que a priori podría parecer. Este libro pone de manifiesto con un enfoque muy original, cómo las técnicas y capacidades necesarias para alcanzar el éxito en cada una de ellas son comunes: disciplina, orden, planificación, método, rutina, perseverancia.

Siempre he pensado que la «Arquitectura Software» es un arte. Sería incapaz de describir el método que hay detrás, pero si hay un patrón que une a los buenos arquitectos de software que he conocido, es su participación en múltiples proyectos software complejos y muy heterogéneos durante su vida laboral. Una experiencia que les va curtiendo en diferentes habilidades como la capacidad de componetizar y desacoplar las responsabilidades adecuadamente, la de identificar patrones de código para su reutilización (frameworks) o la de ese momento eureka que les permite borrar de un plumazo cientos de líneas de código y reescribirlas en apenas decenas (refactorings).

Este libro repasa muchas de las técnicas que un buen arquitecto software debe dominar, como la componetización radical, las estrategias de alto rendimiento o la orquestación de componentes. Esto permite construir sistemas software complejos, y a su vez seguros, escalables y confiables. Y, sobre todo, listos para soportar cambios rápidos en iteraciones continuas, modificaciones inevitables en cualquier empresa de software que quiera sobrevivir a los próximos dos años, no digamos ya en startups.

Por otra parte, «lean startup» es una metodología que permite crear proyectos emprendedores de éxito: así es, un método para crear empresas exitosas. Cuando por primera vez oí el término «emprendedor en serie» pensé que se refería a personas que habían tenido un golpe de suerte, dos, o incluso tres veces seguidas. Más adelante comprendí que hay un método, un procedimiento, una disciplina para emprender con muchísimas más probabilidades de éxito. Diversos capítulos de este libro repasan conceptos claves de esta metodología, es más, refieren un ejemplo práctico como «Hub de Libros - Plataforma Editorial de Publicación Abierta», uno de los proyectos emprendedores de su autor basado en la misma: construir, medir y aprender (para después perseverar o incluso pivotar, y vuelta a empezar).

Pero incluso con las habilidades anteriores, alcanzar el equilibrio entre la vida personal y profesional es cada día más complicado en un entorno laboral tan competitivo como el actual.

Las personas que dominen la gestión de su tiempo con técnicas de organización basadas en microtareas y capaces de sacar el máximo provecho a su concentración jugarán con gran ventaja.

Hay una cita de Bill Gates que dice «la gente sobrestima lo que puede hacer en un año y subestima lo que pueden conseguir en diez». Vivimos en la cultura de la inmediatez, la impaciencia y la frustración derivada de la misma, e ignoramos el poder que tienen los objetivos a medio y largo plazo, con un plan, compromiso y rutina.

El autor nos muestra en diversos capítulos de este nuevo libro algunas de estas técnicas, con ejemplos concretos para vencer nuestra resistencia interna y alcanzar las metas que nos propongamos.

Así pues, soy un convencido de que tanto el desarrollo personal y el equilibro en la vida personal y profesional, la arquitectura software, y finalmente, el emprendimiento, necesitan de una cabeza muy bien ordenada, pero también de unas actitudes y habilidades que pueden entrenarse con el tiempo.

Sin ninguna duda, «El Arte del Emprendedor Digital» nos indica el camino, saltando entre estos temas de una forma original y amena, y con consejos y ejemplos prácticos basados en la propia experiencia del autor.

José Murillo

CEO de Smart IoT Labs

www.smartiotlabs.com

{ Introducción }

—

«Primero lo hago y luego lo cuento»

Es una frase que suelo oírle decir a Raimón Samsó, uno de mis autores favoritos, emprendedor y un gran coacher, autor de libros que van desde cómo conseguir la libertad financiera hasta de desarrollo espiritual, demostrando que es una persona polifacética y cuyas habilidades y conocimientos son de lo más eclécticos.

Y eso es, precisamente, lo que necesitamos ser para emprender con un gran proyecto y que éste funcione y nos genere la rentabilidad esperada (del tipo que sea, económica o no).

En el momento de escribir esto, Hub de Libros (www.hubdelibros.com) incluye ya un catálogo de miles de libros, miles de autores, se generan nuevas opiniones sobre libros a diario y semanalmente crece su número de usuarios, entre otros datos sobre su crecimiento.

El propósito de este trabajo no es hablar de Hub de Libros, que considero el proyecto más ambicioso y técnicamente más complejo que he realizado hasta ahora, sino describir cómo lo he hecho durante este último año compatibilizándolo con muchas otras responsabilidades y el resto de mis actividades profesionales.

Se puede emprender, claro, incluso si parte de tu tiempo lo dedicas a otro tipo de actividad.

Más allá de lo que Hub de Libros realice de cara al usuario, te mostraré que en realidad es una máquina automática de recopilar métricas y analíticas, porque, con apariencia de «proyecto», en realidad es una «hipótesis» que hay que validar.

Realizar una aplicación, un programa de cualquier tipo, puede ser relativamente sencillo a menos que alguien se lo proponga.

Implementar en cambio un sistema capaz de gestionar un gran volumen de información, que sea mantenible, que funcione con agilidad, además de crear una interfaz de usuario web «responsiva» (que se vea bien en cualquier tipo de dispositivo) y un «backend» que soporte todos los procesos «de negocio», con unos cimientos (arquitectura) preparados para escalar a medio plazo, eso es otra cosa totalmente diferente. ¿En qué se basa esa diferencia?

Es obvio que la arquitectura y el diseño deben ser muy distintos, pero también, y no menos importante, los procesos y la metodología de ejecución y de trabajo no tienen absolutamente nada que ver.

Del mismo modo, trabajar en un proyecto emprendedor así, sin forma de saber si funcionará en el mercado y sin tener idea de hacia dónde te llevará, también implica una forma específica de afrontar y entender el trabajo. Esto es, te hartas de dedicar horas sin saber con exactitud qué retorno vas a obtener: puede que la recompensa multiplique tus expectativas, o todo lo contrario. Bienvenido al juego del emprendimiento.

Sin embargo, esto es lo importante: siempre hay un retorno. Lo relevante no es el resultado, sino lo que vas descubriendo durante el proceso mismo de ejecución del proyecto.

Puedo decir que después de este último año realizando Hub de Libros, soy mejor profesional, he aprendido ciertas técnicas mejores de desarrollo, he materializado mejor ciertas ideas semilla que ya puse en marcha en proyectos anteriores y algunas ramificaciones de este trabajo me han generado sorpresas y nuevas oportunidades. Y puede que lo mejor de todo es que lo haya hecho con poco «esfuerzo», porque ¿se puede llamar trabajo a algo que uno hace por pura pasión?

Antes de continuar, quiero que tengas claro algo importante: ningún proyecto emprendedor «termina» en algún momento.

En la creencia popular existe esa imagen de que cualquier proyecto comienza, se ejecuta, se termina y a recoger beneficios sentado en una playa tropical tomando un daikiri. Nada más lejos de la realidad.

Un proyecto digital, como Hub de Libros, al igual que muchos otros, siempre son pruebas de concepto (experimentos) que en algún momento tienes que validar.

¿Quién lo valida?

Los usuarios, quién si no.

¿Cómo lo validas?

Con datos, claro.

¿Y por qué es un experimento?

Porque hasta que no obtengas una respuesta de eso que llamamos «el mercado» (los usuarios), su «feedback», comentarios y opiniones, no sabrás hasta qué punto lo que has hecho tiene cierta viabilidad. Esto es, el proyecto tiene que estar diseñado para recabar datos que luego van a ser analizados para tomar decisiones, mejorar, cambiar esto por aquello, pivotar. Gran parte del trabajo se dedica a ese análisis.

En esto se basa la metodología «lean», de la que hablaremos mucho en las siguientes páginas.

Este planteamiento de trabajo tiene un impacto profundo en la arquitectura software del sistema y en el modo de desarrollarlo. El software tiene que estar construido altamente «desacoplado», los repositorios de datos tienen que ser flexibles y poder ser cambiados con facilidad, hay que llevar al extremo el concepto de «componente», los «assets» del proyecto deben poder ser distribuidos fácilmente en instancias (servidores o contenedores), etc. Hay muchas formas de diseñar un sistema así con esas expectativas y enfoque. Yo voy a contar cómo lo he realizado en particular en Hub de Libros sabiendo que existen otras formas de hacer lo mismo, y seguramente todas estén bien, con ventajas e inconvenientes en cada caso.

No obstante, voy a insistir en varios conceptos: simplicidad, facilidad de mantenimiento y evolución. Más allá de lo técnico, esto es para mí lo más importante incluso si hay que sacrificar algo por el camino....

Tampoco me he inventado nada nuevo al haber trabajado anteriormente en otros sistemas «grandes» y haber estudiado cómo se han implementado plataformas tan populares como Etsy, Wattpad, Medium, etc. Eso sí, algunas estrategias de enorme utilidad se pueden aplicar a cualquier tipo de proyecto o sistema.

Igualmente, la forma de trabajar en algo que requiere de muchas horas de dedicación en intervalos discontinuos, quizá una o dos horas un día, cuatro un día de fiesta o un rato más un fin semana, quitándole tiempo al sueño y a las vacaciones, también requiere de una metodología de trabajo específica (y de cierta dosis de desarrollo personal). Esa discontinuidad, más que ser un handicap, presenta ventajas, puesto que al realizar las cosas poco a poco, tienes más tiempo para «pensar» entre medias, analizar proyectos similares y recabar ideas nuevas que terminarás incorporando (lo que en uno de los capítulos denomino «afilar el hacha»).

De todo esto va este libro. Voy a describir tanto los principios de diseño y de arquitectura con los que un proyecto ambicioso y complejo como Hub de Libros funcionan, así como esos procesos de trabajo y de experimentación necesarios para que el proyecto sea un éxito. Una cosa va de la mano de la otra, esto es, la arquitectura alimenta esos procesos de trabajo, y sin éstos, aquella no se podría realizar adecuadamente y no servirían para nada.

Pienso que para emprender en un proyecto y dedicar tantas horas e incluso invertir dinero en algo que a priori no sabes qué resultado generará, tienes que tener algunas ideas muy claras:

- Un esfuerzo así surge porque haces algo sobre un tema que te gusta y apasiona. Sin la motivación adecuada, lo abandonarás antes de comenzar. En mi caso con Hub de Libros, no podría concebir la vida sin la lectura, la literatura y la escritura. De hecho, una de las áreas profesionales a las que me dedico es la publicación de libros, como éste.
- Ese camino que tomas te abrirá otros que no tienes ni idea de a dónde te conducirán, pero que, normalmente, merecen la pena, como mis repositorios «files-repo» y «Smart Web Resource», entre otros, (https://github.com/gomezbl) que me han permitido estar en contacto con gente interesante y hasta recibir alguna propuesta de colaboración.
- Por último, el proceso es más importante que el resultado,

porque éste depende de aquel y, si lo haces bien, tendrás la habilidad de modificar el resultado evolucionando tu proyecto con toda la información que recabes del mismo. Me explayaré en los próximos capítulos acerca de la importancia de ese «proceso» y de todas sus facetas.

Tu trabajo como emprendedor no consiste en terminar un proyecto, sino en refinar continuamente el proceso con el que lo realizas y avanzas en él hasta que llega un momento en que el mismo proyecto ya no te necesita para funcionar, esto es, tienes que construir un sistema que sea delegable en otras personas como único modo de crecer. En cierto modo, tu trabajo es diseñar el sistema para que trabaje sin ti, aunque al comienzo tengas que hacer un poco de todo. Esta idea influye también en la arquitectura y funcionalidad de tu proyecto software.

Cuando hablo de «proceso», me refiero a los pasos que sigues para que avance el trabajo, con obstáculos, con dudas, con incertidumbres y pequeñas victorias, luchando en ocasiones contra ti mismo. Por esa razón, emprender un proyecto sobre algo que te gusta y superar tus inseguridades, pereza y la falta de disciplina que pueden aparecer en algún momento, es también un camino de desarrollo personal del que hablaré en los siguientes capítulos, al menos de las estrategias que a mí me han funcionado.

Este libro es, por tanto, dos en uno: por un lado lo técnico y por el otro, un manual de mejora personal para abordar todo lo demás. Entiendo que ambos tipos de habilidades son necesarias y unas serían inútiles sin las otras.

Quizá «El Arte del Emprendedor Digital» sea pionero en un género de literatura que mezcla aspectos técnicos con esa naturaleza humana holística de la que nos olvidamos a menudo. Y es que he comprobado una y otra vez que solo puedes brillar en tu profesión si también brillas en otras áreas de tu vida. Y se puede tener todo a la vez. Ese es, al menos, mi propósito: de nada me serviría un gran proyecto si no puedo compartir sus frutos con mi familia, y al revés, tampoco podría centrarme en un proyecto exigente como Hub de Libros y el resto de mis responsabilidades si no tuviese esa armonía en otras áreas vitales.

Este es mi quinto libro de carácter técnico, y quizá el de más índole personal, porque entiendo que sin una gran motivación, convencimiento y disciplina durante todos estos meses, no habría podido liberar una primera versión decente de Hub de Libros.

Tampoco sin un profundo conocimiento de cómo se deben estructurar proyectos software complejos y escalables, al menos de características similares a Hub de Libros, y los principios de desarrollo que hay detrás de ellos para que su mantenimiento en explotación, modificación o incorporación de nuevas características, sea algo sencillo.

Si Hub de Libros está creciendo del modo en que lo está haciendo actualmente (en usuarios y funcionalidad) es así porque te aseguro que antes he fracasado en algunos proyectos y tenido éxito en otros, pero de todos ellos he aprendido todo lo que he podido, en ocasiones sin saberlo y sin valorar el profundo conocimiento adquirido con cada error.

Otras veces ese aprendizaje viene de la mano de mucha frustración y decepción (y de haber perdido algo de dinero), aunque ahora todo ello lo veo como necesario y forma parte del juego, tan solo aprendí, quizá de una forma dolorosa, lo que no funcionaba.

Pero seguí adelante.

No voy a hablar de patrones de diseño, ni de técnicas de refactoring ni de código limpio, para eso hay otros libros, como mis anteriores trabajos («El Libro Práctico del Programador Ágil») y de otros autores que admiro, pero sí voy a tratar ciertas características que un proyecto escalable debe cumplir y que apenas he encontrado descritas en la literatura técnica que ha caído en mis manos hasta ahora (tanto en inglés como en español), como son conceptos tales como la «componetización radical», multirepositorios de datos, generación automática de formularios, «workflows», APIs desacopladas, captación de analíticas y procesos en segundo plano, por poner algunos ejemplos. Todo ello viene como a establecer cierto paradigma técnico para crear sistemas «de gran tamaño», esto es, escalables.

Puesto que esto también va de la mano de cierto modo de trabajar, también voy a describir las técnicas de productividad que a mí me resultan muy útiles y todo lo que he descubierto por el camino, como kaizen, gestión de microtareas y la creación de una matriz simple de procedimientos. Quizá hasta te guste pertenecer al «Club de las 5 a.m.»...

Hub de Libros no es el primer proyecto «escalable» que he realizado, pero sí es en donde he cristalizado mejor todo lo que he aprendido durante años como ingeniero software realizando proyectos complejos, que gestionan grandes volúmenes de información, que pueden ser evolucionados con facilidad y que ahora mismo siguen funcionando en diversas partes del mundo.

Después de la buena acogida de mis libros técnicos anteriores, confío en que este trabajo, que es una mezcla de desarrollo personal y de emprendimiento técnico software, también te ayude en tus propósitos y futuros proyectos.

Rafael Gómez Blanes

Sevilla (España), junio de 2020

www.rafablanes.com

contact@rafablanes.com

{ Qué Es Hub de Libros }

—

Antes de entrar en cualquier consideración técnica, me gustaría hablar sobre Hub de Libros - Plataforma Editorial de Publicación Abierta.

Desde el año 2014, publico libros regularmente, en formato ebook y también en papel, en su mayoría técnicos, como este. Desde entonces, he ido conociendo de primera mano todo lo relacionado con lo que hasta hace poco se denominaba como «publicación independiente», esto es, el mismo autor se encarga de todo lo relacionado con el proceso de publicación.

Esta tendencia era minoritaria hace tan solo una década, pero actualmente este modelo de publicación se está convirtiendo en dominante hasta el punto de que un porcentaje cada vez más importante de las ventas en Amazon (la mayor librería del mundo) vienen de autores autopublicados.

No me gustan los términos «independiente» ni «autopublicado», puesto que en su día las editoriales «de toda la vida» desprestigiaban ese modelo como si ese fuese el único refugio de los autores de dudosa calidad que no encontraban quien les publicase. Sin embargo, ahora la situación es bien distinta: autores consagrados se pasan a él.

¿Por qué? Por la tecnología, por supuesto, que, igual que ha hecho en diferentes sectores, elimina, en cierto modo, intermediarios. Esto es, las editoriales necesitan autores, pero éstos ya no necesitan a las editoriales. Y esto es una gran noticia para quienes queremos ayudar a otros a través de nuestros libros.

Uber, Cabify y el sector del taxi municipal «de toda la vida», Airbnb frente a los hoteles de moqueta, nuevos modelos de pago frente a los bancos clásicos de siempre, y un largo etcétera. La tecnología ha venido para quedarse: renovarse o morir (o cambiar de trabajo, claro).

¿Por qué «la cultura» y la difusión de conocimiento no se van a ver afectados por este tsunami?

Desde el punto de vista del escritor, todo esto es muy bueno: ya no necesitamos «el permiso» de una editorial para dar a conocer nuestro trabajo, tenga gancho comercial o no.

En estos años he leído auténticas joyas de autores «independientes» cuyos contenidos difícilmente habrían encajado en la línea de una editorial clásica. Igualmente, los géneros «chick-lit», romántico y juvenil han experimentado una auténtico boom por la misma razón, y sus autores, por su parte, ya no malviven echando horas en su trabajo alimenticio (para pagar las facturas) sino que pueden permitirse dedicar su tiempo principalmente a su pasión.

En una ocasión, una importante editorial de mi país me hizo una propuesta para quedarse con los derechos de autor de El

Libro Negro del Programador: ni respondí, el contrato que me enviaron era, sencillamente, leonino. Les regalaba mi trabajo a cambio de un cheque anual sin saber exactamente las ventas reales y con unos royalties ridículos y sin yo poder decidir nada acerca de la promoción.

Este modelo de publicación que prescinde de ese tipo de editoriales genera mucha más transparencia y el autor termina recibiendo puntualmente (una vez al mes) unos royalties significativamente mayores que los de una editorial tradicional, siendo capaz además de llegar a cualquier parte del mundo con acceso a Internet.

Mis libros se venden cada mes en diez países diferentes. ¿No es maravilloso?

Ahora bien, que el autor se pueda encargar de todo el proceso de publicación no significa que no se deba realizar ese trabajo de revisión y corrección del texto, su maquetación y diseño según los estándares habituales, junto con la creación de una portada profesional, además de todo lo relacionado con la promoción (algo de lo que sí se encargan las editoriales clásicas, al menos en un principio). Ese es un trabajo que hay que hacer si quieres que tu obra salga con un mínimo de calidad.

Leí no hace mucho que el 80% de los estadounidenses habían pensado alguna vez escribir un libro, la mayoría, claro está, no lo hace. Del mismo modo, al cruzarme con muchos otros autores «indies», he comprobado estos años cómo muchos de ellos no saben dar ese paso para la publicación o, si lo dan, lo hacen con una calidad profesional que deja bastante que desear y terminan abandonando o existen en el anonimato por no tener ni una web personal.

De ahí nació Hub de Libros, como plataforma editorial «abierta» para ayudar a autores a dar a conocer sus obras y para ofrecer servicios relacionados con el mundo de la publicación. Es una editorial, sí, con una marca comercial abierta, en donde el autor elige exactamente qué servicios quiere, como si no quiere ninguno. Por resumirlo de algún modo, esta es la «misión» del proyecto.

Además, ¿qué son los autores y sus obras sin los lectores? Hemos creado utilidades para que los lectores puedan localizar y seguir a sus autores preferidos, indicar sus géneros favoritos, organizar y seguir libros en «estanterías» y un largo etcétera.

He lanzado Hub de Libros en mayo de 2020 a modo de producto mínimo viable y con varias métricas de rentabilidad diferentes y una hoja de ruta clara de aquello en lo que se tiene que convertir con el tiempo: una plataforma completa desde donde un autor puede gestionar todo lo relacionado con su obra, así como incorporar otro tipo de entidades como el catálogo de librerías físicas e incluso el de otras editoriales.

Al margen de lo que sea Hub de Libros, lo interesante de este proyecto es el proceso que he seguido desde su concepción e implementación y las estrategias software para crear un sistema altamente escalable, de utilidad en muchos otros proyectos y que apenas veo reflejadas en los proyectos de diferentes compañías con las que he colaborado de un modo u otro en los últimos años.

Lo que describo en este libro son todas esas estrategias a modo de paradigma de desarrollo de software para la creación de sistemas que van a cambiar y crecer mucho. No es el único modelo, desde luego, pero estas estrategias las he implantado ya en varias ocasiones con éxito.

Con el trabajo que tienes en tus manos, tan solo te digo: si quieres construir un sistema escalable como Hub de Libros, todo esto es lo que hemos hecho, este es el camino técnico viable que hemos seguido.

{ Componetización Radical }

—

Lo que viene a continuación es una teoría de la «componetización de aplicaciones» con la que construir sistemas escalables y fácilmente evolucionables.

Como he dicho ya, la forma de crear aplicaciones de ese tipo no es única, pero ésta es la que he empleado con éxito en Hub de Libros, tanto en relación con los componentes como las técnicas y estrategias descritas en todos los capítulos de carácter técnico de «El Arte del Emprendedor Digital».

En una ocasión impartí un seminario de calidad de software; en una de las sesiones finales, realizamos sobre la marcha una sencilla aplicación de apenas cincuenta líneas en C# que tan solo leía un archivo, le aplicaba algunas transformaciones y guardaba otro como resultado. Un simple ejercicio de andar por casa, y una aplicación «monolítica» realizada así a propósito.

No había clases, el programa de consola consistía en una secuencia de operaciones, ahora esto y ahora lo otro, hasta terminar la operación.

El ejercicio consistía en ir modificando poco a poco la aplicación para transformarla en otra «abierta», testeable y fácilmente modificable.

En apenas veinte minutos, la nueva solución, después de varias iteraciones, no tenía nada que ver con la original: habían surgido varias clases, una abstracta, otra que la implementaba y que leía el fichero pero que podía ser sustituida por otra fuente con diferente formato sin que el resto lo notara, con algunos tests, etc.

Esto es, de un programa monolítico (cerrado, imposible de probar que no fuese de un modo manual mostrando mensajes en la consola) habíamos creado una revisión con diseño y mejor estructurada.

El negocio de la compañía que me contrató para ese seminario utilizaba un conjunto de aplicaciones «grandes», pero creadas de forma extraordinariamente monolítica, dispersas y cuyo único modo de integración entre ellas era una única base de datos como cajón de sastre donde almacenarlo todo. Lamentablemente, este tipo de escenarios es más común de lo que parece y es así porque tan solo pensamos en que el software haga lo que nos han pedido que haga, no en que sea reutilizable, abierto y que se pueda cambiar fácilmente.

Sé lo que estás pensando («lo segundo cuesta más tiempo»), y es justo lo contrario: el buen diseño siguiendo mejores prácticas, ahorra tiempo y es mucho más productivo. Es una cuestión de experiencia y de «enfoque».

No es lo mismo correr una vuelta de diez minutos alrededor de tu barrio que prepararte para una maratón, como tampoco lo es construir un chamizo o un rascacielos de trescientos metros. Sin embargo, en software tratamos de correr maratones y construir rascacielos con las mismas estrategias que caminar unos cuantos metros o levantar una chabola, me temo.

Estas «estrategias» suelen coincidir a veces con lo que uno conoce (sin saber que hay otras técnicas y posibilidades), o bien como se han hecho las cosas toda la vida (aunque ahora las necesidades sean totalmente diferentes).

El escenario es el siguiente: proyecto software que va a manejar un gran volumen de información (del orden de millones de datos), con una interfaz de usuario web, que va a durar años en explotación, que va a ser modificado profunda y continuamente, que tiene que soportar nuevas reglas de negocio ahora mismo inimaginables, que tiene que ser escalable y soportar miles de usuarios, que debe contar con un backend de administración, que debe integrar todas las estrategias de seguridad y que va a ser también actualizado frecuentemente.

En otras palabras, el escenario típico de muchos negocios que no saben cómo van a evolucionar en una economía tan cambiante como la actual, pero con más razón aún para un nuevo proyecto emprendedor.

La arquitectura de un sistema así tiene más que ver con aquel rascacielos del que hablábamos, y es aquí donde entra en juego el concepto de «componente».

¿Es más difícil construir un sistema que cumpla lo anterior? De ningún modo, solo hay que manejar ciertos conceptos y aplicarlos.

De pequeño era muy aficionado a los mecanos como los de la marca Lego; cuando hablo de «componente» se me vienen a la cabeza esas construcciones realizadas por piezas más pequeñas y hasta cierto punto intercambiables para crear cosas diferentes.

Se suele pensar en un componente como algo «visual», que muestra algo en una interfaz de usuario, pero aquí vamos a dar un paso más allá y vamos a extender esta definición.

A continuación, se describen un conjunto de características teóricas que debe soportar un componente para poder construir un sistema escalable en los términos que hemos definido:

- Un componente «expone» el tipo de funcionalidad que implementa, esto es, de algún modo indica qué tipo de cosas hace (vistas, modelos de datos, etc.).
- Puede exponer una vista como interfaz de usuario, aunque no es obligatorio.
- Puede exponer un «bloque» reutilizable e independiente para ser integrado en cualquier vista de interfaz de usuario.
- Expone una API desde la que ofrece funcionalidad a otros componentes.
- Del mismo modo, el componente puede invocar la API de otros componentes.
- El componente indica su versión e implementa lo que necesite para su propia actualización (cambio en el modelo de datos, etc).
- Por definición, un componente es lo más pequeño posible y

debe resolver un aspecto muy concreto del sistema, éste estará compuesto de muchos componentes.

- Un componente es reutilizable por parte de las diferentes aplicaciones que componen el sistema e incluso por proyectos diferentes si su funcionalidad encaja en ellos.

- Define su propio modelo de datos de forma declarativa (un json o un xml, por poner un ejemplo), de modo que no se ciñe a una solución de persistencia de datos concreto. Este es un aspecto muy importante.

- El modelo de datos que utiliza el componente puede ser instanciado en cualquier tipo de base de datos o infraestructura de almacenamiento de datos, como hemos dicho, de modo que varios componentes en el mismo sistema pueden utilizar diferentes repositorios de datos, esto es fundamental para permitir el escalado en la información que gestiona el sistema como veremos más adelante en el capítulo de título «Multirepositorios».

- Un componente se «instala» en el sistema aportando una nueva funcionalidad de forma transparente (sin afectar al resto) o bien se «desinstala» cuando ya no hace falta.

Parece la carta a Papá Noel o a los Reyes Magos, aunque estas definiciones, aunque abstractas e imprecisas, son la base paradigmática de construir el sistema que nos proponemos.

Ten en cuenta lo siguiente: esta definición de componente es tan solo un árbol de un bosque más amplio. Cuando termines de leer este libro, comprenderás entonces la visión general y cómo cada pieza encaja con las demás.

En Hub de Libros existe actualmente un conjunto de setenta y dos componentes diferentes que siguen la definición anterior.

Otro concepto importante es que el componente solo implemente su funcionalidad, quiero decir, no tiene que «ensuciarse» las manos con los detalles de acceso a una base de datos, ni tampoco instanciando una ruta con los detalles de un servidor web, ni siquiera debe invocar directamente la funcionalidad de otros componentes.

¿Por qué? Porque queremos crear un nuevo componente (añadir nueva funcionalidad) y que se pueda hacer de la forma más rápida y productiva posible.

Por si todavía no has llegado tú mismo a la conclusión que te voy a exponer a continuación, te la revelo: para que todo eso sea posible, hace falta un «framework» que sea el que le permita funcionar a todos los componentes de la forma en que hemos indicado anteriormente, y en este framework es donde se encuentra la clave para construir el sistema escalable.

{ El Poder de las Microtareas }

—

Hace muchos años trabajaba para una compañía en la que hacíamos proyectos de muchos tipos, tanto nacionales como internacionales. Se trabajaba duro, se tenían demasiadas reuniones, algunas improvisadas en las que se tomaban decisiones «al vuelo» que generaban un impacto importante y que podían ser canceladas en la siguiente reunión. También era habitual que llegara los lunes a la oficina y no supiera exactamente con qué me iba a encontrar.

Esto es, vivía estresado sin saber bien por qué; yo pensaba que esa era la forma normal de trabajo y puesto que me había integrado en el mundo laboral hacía poco, ni siquiera cuestionaba nada de lo que veía, me dejaba llevar sin pensar demasiado en toda esa falta de organización (y de planificación). A pesar de ello, la compañía sacaba adelante los proyectos y generaba clientes e ingresos, aunque ahora me pregunto si estaban en su máximo potencial posible y si la satisfacción laboral de los empleados podría haber sido mucho mejor.

Comencé mi carrera profesional con experiencias muy

positivas pero también adquiriendo algunos vicios que años más tarde tuve que corregir.

Como consecuencia de esa forma de trabajo puse algo de peso (los largos horarios me impedían tener tiempo para hacer ejercicio) y estaba pegado al correo electrónico demasiadas horas al día. Esto es, la herramienta de organización era… el correo electrónico.

El asunto se puso más feo cuando comencé a hacer trabajos y proyectos por mi cuenta fuera del horario laboral (tardes, noches y fines de semana), tan solo para cubrir ciertas inquietudes personales, de modo que pronto me planteé la necesidad de optimizar tiempos e hice lo único que se puede hacer cuando tienes un problema e intuyes que hay algo que te falta por saber: me compré libros, leí artículos y visité muchos blogs.

Ahora tengo claro lo siguiente: cuando tienes un problema, sencillamente existe y lo percibes como tal porque nos falta algún tipo de información.

Me hubiera gustado que mi «yo» del futuro hubiese viajado al pasado para ahorrarle tanto estrés y falta de productividad a ese joven programador, sabiendo lo que sé ahora, claro, aunque eso también hace preguntarme lo mismo en relación a ese futuro: ¿qué no sé ahora que sí conoceré en unos años? ¿Qué problemas tengo ahora por no saber cómo resolverlos? Quizá parte de la vida consista en ese viaje de descubrimiento y aprendizaje.

Lo más relevante que aprendí de esa indagación personal y

que me ha acompañado hasta ahora, se puede resumir de un modo escandalosamente simple en lo siguiente: todo trabajo se puede y se debe descomponer en tareas. Punto.

Pero no «cualquier tipo de tarea», incluso para esto hay trucos y una forma de proceder correcta que ahora te voy a contar.

El hecho de desglosar algo en un subconjunto de tareas más pequeñas, es ya por sí mismo un trabajo, se puede pensar, pero aquí está una de las claves: ese esfuerzo inicial de generación de tareas (que en realidad es un paso esencial de una buena organización y planificación) te va a ahorrar muchísimo tiempo si no implementas un modo de trabajo basado en ellas.

Tan buen resultado me ha dado esta técnica (insultantemente sencilla de poner en marcha y que no me he inventado yo, ni mucho menos) que hoy día, y desde hace muchos años, prácticamente no hago nada que antes no haya identificado de algún modo como «tarea».

El estilo de dirección de muchos responsables consiste en creer que los empleados tienen la capacidad de leer el pensamiento: la interfaz de usuario tiene que mejorarse, o falla la ventana de login, hay que hacer algo porque la base de datos crece demasiado, ¿cuánto tiempo se tardaría en hacer equis?, etc.

Pero... ¿mejorar exactamente qué?, ¿cómo falla ese formulario de login, en qué circunstancia?, ¿qué crece exactamente en la base de datos, alguna tabla en concreto, no querrá decir que el rendimiento es malo?, ¿cuánto tiempo tardaría en hacer qué, queeé, queeeeeé «exactamente»? Arrrrgghhhh.

Es decir, en el detalle está todo.

Por definición, una tarea tiene que ser lo más concreta posible y tiene que estar lo mejor definida que se pueda: el formulario de login suelta un error cuando haces «clic» en el botón de «entrar» con un nombre de usuario pero con la contraseña en blanco, la tabla de logs tiene varios millones de registros innecesarios de modo que los backups tardan mucho en hacerse, por poner unos ejemplos.

Es muy fácil y se puede resumir todo en una única palabra: concreción. Como responsable de un equipo de trabajo, sé que mis colaboradores son más productivos cuando lo que se les encomienda cuenta con todos los detalles posibles, creando una dinámica positiva: ellos también terminan exigiendo a los clientes más concreción y no aceptan algo vago como válido.

Con el tiempo, después de pasar años trabajando usando tareas para casi todo, y leyendo además a autores que hablan de cómo emplear el tiempo lo más productivamente posible (David Allen, Brian Tracy, entre otros), he ido dándome cuenta por mí mismo de un pequeño detalle.

Como en todo, el factor humano (mental) nos puede jugar una mala pasada.

Nuestro poder de concentración solo lo podemos mantener durante poco menos de una hora aproximadamente, de ahí que no entienda cómo existen organizaciones en las que las reuniones maratonianas de tres o cinco horas son lo habitual. A veces no tengo más remedio que asistir a una de ellas con algún cliente que espera estar dos o tres horas discutiendo algo. «Uff», me digo, mal asunto, pero a ver cómo le explicas que en lugar de tres horas hoy, sería mejor una hora hoy y otra mañana, de modo que lo mismo se puede hacer en menos tiempo, ahorrando una hora para cada asistente a la reunión.

¿Cómo es esto posible? Porque en esas dos horas en dos días diferentes vamos a estar más concentrados que en un mismo periodo seguido de tres. Esto es, una hora hoy y una mañana son más productivas que tres horas sin descansar. Por esta razón, la técnica del «Pomodoro» considera intervalos cortos de tiempo con descansos entre una tarea y la siguiente.

Los emprendedores de éxito lo son porque saben gestionar bien su tiempo (y también su recurso más escaso junto con su mente), no porque trabajen más que el resto de los mortales, sino porque trabajan mejor.

Para asegurarte de que una tarea se va a realizar en el menor tiempo posible, debes sentirte concentrado en ella, por tanto, las tareas se deben definir de un modo que no se tarde «demasiado» en hacerlas, preferiblemente menos de una hora.

A mayor concentración, mejor trabajo y menos tiempo para realizarlo. Tanto es así que dedico un capítulo a este tema.

Hay actividades que obviamente necesitan muchas horas para realizarse. ¿Qué hacer en esos casos? Si no resulta obvio a estas alturas, te lo digo: divídelas en tareas más pequeñas. Siempre se puede.

Así las cosas, tareas «grandes» y vagas igual a trabajo hecho seguramente peor y en mucho más tiempo; por su parte, tareas «pequeñas» y concretas igual a mismo trabajo hecho en menor tiempo. Y todos contentos.

Si sospechas que una tarea puede realizarse en varias horas, entonces divídela en otras más pequeñas a modo de subtareas. Nada más gratificante que terminar el día sabiendo que has hecho esas cinco tareas que has marcado como realizadas y nada que ver con apagar el ordenador y tener la sensación de no saber si has avanzado o no ni cuánto te queda para terminar esto o lo otro.

Si, además, les asignas una prioridad, ya sabes cada mañana cómo elegir y ordenar tu MIT («most important tasks», o tareas más importantes).

Principio del emprendedor eficiente: trabaja con una herramienta de planificación de tareas en donde solo indicarás tareas pequeñas, de menos de una hora y muy concretas, pasa parte de tu tiempo gestionando esas tareas (añadiendo, quitando, repasando, planificando). Yo utilizo To-do de Microsoft desde que esta compañía compró Wunderlist y lo integró como producto propio.

Así las cosas, trabajando de este modo, siempre vamos a tener una bolsa de tareas por hacer, previendo además aquello a lo que nos tenemos que dedicar en las próximas semanas, teniendo claro cuáles de ellas son urgentes y cuáles importantes y, por tanto, permitiéndote planificar tu tiempo mucho mejor (y el de los demás).

Cuando ves el trabajo como un conjunto de tareas a realizar, automáticamente sientes cierto alivio, porque tienes la sensación de una mayor certidumbre y control sobre tu vida (tu tiempo), y hasta puede que descubras que sentarte a definir nuevas es una fuente de satisfacción.

Es por la noche, no tengo ganas de ver ninguna serie (aunque a decir verdad apenas veo nada de televisión), tampoco tengo ganas de leer y aún me siento fresco para hacer algo. Exacto, elijo una tarea pendiente de la semana que me apetezca hacer y en media hora la marco como realizada, esto puede ser leer un artículo que descubrí la semana pasada, mejorar tal test o crear el esqueleto de un nuevo componente. Antes, voy a cerrar otra cuyo título es «Quinta revisión del capítulo 'El Poder de las Microtareas'».

Este modo de trabajo es el que te va a permitir embarcarte en un nuevo proyecto y poder compatibilizarlo con el resto de responsabilidades sin fricciones.

Hub de Libros es un sistema ciertamente complejo cuyo producto mínimo viable lo he realizado en menos de un año, a través de cientos (o miles) de micro tareas que he ido haciendo cuando el resto de mis actividades me lo han permitido; ahora mismo puedo contar unas cuarenta pendientes para las próximas semanas.

{ Mantra Framework }

Si bien Hub de Libros, como proyecto software, es de los más complejos que he realizado hasta ahora, aunque la interfaz de usuario sea extraordinariamente sencilla (diseñada así precisamente), la dificultad principal venía de la necesidad de encontrar un framework que utilizara como base para:

- Diseñar un sistema basado en componentes desacoplados, tal y como explico en el capítulo anterior «Componetización Radical».
- Independencia total de la forma de persistir los datos.
- Rápido, eficiente y flexible.
- Que sirviera de base para futuros proyectos.

Algunas de las ideas volcadas en Mantra Framework ya las he puesto en marcha conceptualizadas de algún modo en otros sistemas. Durante un tiempo, a medida que daba los primeros pasos en el proyecto, no encontré un framework que cumpliera claramente el propósito anterior; lo más parecido es Nest, pero ya me he llevado sorpresas al vincular demasiado un proyecto a muy largo plazo con ciertas tecnologías y, además, Nest tiene una curva de evolución muy rápida (y esto es bueno) pero que me habría supuesto, quizá, plantear migraciones continuas además de todo el trabajo del resto de actividades en Hub de Libros.

Después de varios años cultivando ciertas semillas a nivel de software, decidí finalmente comenzar a poner las bases de un framework particular para este tipo de proyectos, al igual que he hecho con un trabajo similar para la compañía que es mi principal cliente, Solid Stack, y de nombre «Hermes». Si bien, esto último está en .NET framework, Mantra está implementado en Node.js.

Poco a poco, el framework ha ido creciendo hasta convertirse en un proyecto en sí mismo que espero publicar abiertamente en breve.

Con Mantra, se puede definir un componente y éste define su propia funcionalidad mediante la implementación de diferentes tipo de recursos: tareas, eventos, cron, bloques, vistas, API intracomponentes, API Rest, etc.

¿Qué es lo que hace el framework?

Básicamente, gestionar componentes y servir de «pegamento» entre ellos mediante una API intermedia que se denomina MantraAPI, independizar la interfaz de usuario de los componentes, permitir también el aislamiento de la persistencia de datos y facilitar el desarrollo de nueva funcionalidad así como todo lo relacionado con la seguridad a nivel de sesión de usuario y del servidor web.

Por el momento, en Hub de Libros existen más de setenta componentes diferentes. Implementar uno nuevo es cuestión de minutos. La rapidez de desarrollo viene porque el framework se encarga de toda la fontanería técnica necesaria para que el componente se pueda dedicar únicamente a la funcionalidad de alto nivel.

Sin entrar en demasiados detalles técnicos, Mantra Framework cumple los requisitos que indicaba al principio. Es un proyecto ciertamente complejo pero el resultado lo puedes comprobar cada vez que haces clic en alguna ruta de Hub de Libros; además, puede que lo más importante sea que permite modificar cualquier aspecto del sistema con sencillez, porque los componentes son pequeños por definición y la funcionalidad compleja se realiza mediante «eventos» y la «orquestación de componentes», otros conceptos de los que hablaremos en sus capítulos correspondientes.

{ Repositorio de Ejemplo }

—

Aunque el propósito fundamental de «El Arte del Emprendedor Digital» consiste en establecer ciertas bases de un paradigma para la creación de sistemas escalables y capaces de manejar grandes volúmenes de información sin entrar en los detalles concretos de una solución particular, en el siguiente repositorio:

`https://github.com/gomezbl/el-arte-del-emprendedor-digital`

, puedes encontrar dos componentes implementados con Mantra Framework desde donde se refleja perfectamente gran parte de los conceptos técnicos descritos en los siguientes capítulos. Toma nota porque nos referiremos a esos dos componentes en las siguientes páginas.

En concreto, se trata de los componentes básicos «articles» y «bookshelfs» (artículos y estanterías) que, en la versión actual de Hub de Libros, permiten crear y gestionar artículos de contenido (blog, noticias, etc) así como estanterías para la organización de libros.

Si los analizas detenidamente, en ellos comprobarás que se cumplen perfectamente todos los requisitos que definimos en el capítulo de «Componetización Radical» más allá de comprender o conocer con más o menos detalle todo lo relacionado con Mantra Framework.

{ Kaizen }

—

En una sección anterior he hablado de la necesidad de estructurar el trabajo en pequeñas tareas muy concretas y de poca duración. Un concepto relacionado y que abracé desde hace unos años es el de la filosofía de trabajo «kaizen».

No exagero cuando digo que con kaizen, he mejorado muchos aspectos de mi vida, personales y profesionales, y lo mejor de todo, con poco esfuerzo.

Esta práctica surgió en Japón después de la Segunda Guerra Mundial, país devastado que había que reconstruir. Aunque de origen americano, el éxito de esta forma de enfocar el trabajo está relacionado con el boom económico de Japón las décadas posteriores al conflicto. Compañías tan importantes como Toyota lo aplican y todos sus procesos de negocio están impregnados de kaizen.

La palabra viene a significar algo así como «cambio a mejor». Pero ¿qué tendrá que ver la economía japonesa, un concepto a lo filosofía oriental y nuestro proyecto emprendedor basado en software?

Pues todo, porque kaizen nos permite superar un aspecto

limitante de nuestra mente que te voy a explicar a continuación y que resulta práctico cuando nos lanzamos a emprender un nuevo proyecto al margen del resto de nuestras actividades.

Por si no lo sabes aún, los objetivos ambiciosos de principios de año, aquellas metas tan extraordinarias como vagas y esa lista interminable de deseos en la que siempre pensamos, casi nunca se cumplen.

La razón, por extraño que parezca, está en el sistema límbico (que viene a ser como nuestro cerebro reptiliano), cuyo único propósito es mantenernos seguros y a salvo de cualquier amenaza, esto es, nos empuja constantemente a permanecer como estamos y lo más seguros posible. Este conservador impulso vital es lo que nos impide salir con sencillez de nuestra zona de confort, aunque esto nos haga infelices e insatisfechos (inconscientemente, también nos provoca miedo ante la posibilidad de tener éxito).

Tal y como afirman muchos autores, el emprendimiento es en realidad un camino espiritual que nos enfrenta con frustraciones, miedos, dudas e inseguridades que debemos superar.

A la mente le aterra en lo más profundo nuestros propósitos más ambiciosos, aunque no nos demos cuenta de ello. El entusiasmo de un día se convierte rápidamente en inseguridades y frustraciones en los siguientes, y no sabemos exactamente el por qué de este vaivén. El emprendedor tiene que superar esta barrera y te voy a mostrar un método que funciona: aplicando kaizen.

Lanzar tu proyecto, independientemente de lo complejo que sea, o una versión inicial del mismo, viene a ser lo mismo que prepararte para una maratón sin haber salido a correr durante unos años.

Si la primera semana te planteas un objetivo demasiado grande, como correr cuatro kilómetros, ya sabes lo que va pasar: no lo conseguirás y sentirás una gran frustración, lo que hará que difícilmente lo vuelvas a intentar. Si realmente eres de los pocos que lo consiguen, no servirá de nada igualmente, porque habrás hecho un esfuerzo tan titánico que se te quitarán las ganas de volver a repetirlo si es que tus rodillas no te mandan directamente a urgencias.

Además, tu cerebro reptiliano (utilizando la voz de tu ego), vendrá a ponerte piedras en el camino y a desanimarte, con pensamientos del tipo «esto es muy difícil para ti», «con lo bien que estás en el sofá viendo Netflix» y sandeces por el estilo. Esa voz..., olvídala, es tu ego protegiéndote (y alejándote de lo que deseas). De ahí lo del camino en cierto modo espiritual que señalaba antes.

Kaizen viene a engañar a «esa voz» con la que a veces nos confundimos. Con kaizen no vas a salir a correr varios kilómetros el primer día, sino tan solo vas a caminar cien metros; el día siguiente serán doscientos y quizá des un rodeo al volver de tirar la basura.

Al quinto día, te sientes feliz porque aunque no has salido a correr todavía, sí has roto la dinámica de no hacer nada y la has cambiado por unos cuantos cientos de metros, y entonces te animas y haces quinientos caminando a paso ligero, comenzando a sudar.

Esto eso, poco a poco, vas mejorando casi de forma imperceptible esa práctica, e imperceptiblemente también, vas acumulando pequeños éxitos sin alejarte demasiado de tu habitual zona de confort (en el ejemplo, el sofá) de modo que tu mente reptiliana te dejará tranquilo porque el cambio es tan pequeño y progresivo, que no detecta ninguna amenaza en ello.

En unas pocas semanas, ya sales a correr con comodidad un kilómetro, y a los dos meses, ya estás en esos cuatro iniciales. Casi sin darte cuenta y con poco esfuerzo, y sin que tu ego te traicione, te estás acercando a inscribirte a la próxima media maratón de tu cuidad. De algún modo, esa progresión infinitesimal pero continua, ha venido a confundir a tu ego, de modo que éste termina identificándose con tu «nuevo yo»: el de una persona que corre medias maratones.

Esto no significa que no tengas que esforzarte, claro que sí, pero lo haces poco a poco, sustituyes un «gran objetivo» por muchos «micro-objetivos» en el camino.

En ocasiones fracasamos porque queremos hacer las cosas demasiado rápido, pero el día tiene veinticuatro horas y la semana solo siete días, queramos o no.

Kaizen consiste en acumular pequeñas mejoras en cualquier cosa que hagas, por pequeñas que sean, y el gran resultado consiste en acumular cientos o miles de esas mejoras en apariencia insignificantes.

No te obligues a leer cien páginas al día si no eres un gran lector, comienza por cinco, después diez, quince... No pretendas tocar un instrumento de un día para otro, dedica tan solo veinte minutos las primeras semanas y a ver qué ocurre. Lee una página en inglés si te has propuesto avanzar en ese terreno, no una novela de Joyce en original de principio a fin en tan solo dos días.

Adivino que ahora mismo estás pensando en lo práctico que puede ser esto de las micromejoras a nivel de software.

La acumulación de pequeñas mejoras y avances provoca un interés compuesto de resultados sorprendentes, impensables, hasta el punto de que cuando compruebes por ti mismo su efecto, serás adicto al kaizen.

¿Y qué tiene que ver esto con realizar un proyecto software extraordinario?

Pues todo, porque en software, como ya sabemos, cualquier detalle cuenta, de modo que es más efectivo y productivo ir añadiendo pequeñas mejoras y cambios, pero continuamente, mejorando esto y lo otro, tirando de tu lista interminable de tareas, y, poco a poco, el proyecto irá viendo una luz llena de calidad y cerca de los resultados que quieres obtener.

Los cambios en Hub de Libros son pequeños y continuos, a veces casi imperceptibles (aunque a veces no se vea nada nuevo en la interfaz de usuario sí hay mejoras en el backend o en la infraestructura), pero el efecto acumulado de esta estrategia es, sencillamente, brutal.

Kaizen nos ayuda también cuando estamos demasiado ocupados en asuntos totalmente diferentes y nos impide tener la sensación de que esto o aquello lo tenemos abandonado (cuanto más tiempo pasa hasta retomar un asunto, menos probable es de que lo continúes o lo hagas lo mejor posible). Un hábito cuesta mucho crearlo, pero muy poco en abandonarlo, de modo que kaizen nos dice que si hoy no puedes hacer 100, haz al menos 5, pero así no pierdes esa rutina que tanto te costó construir.

Kaizen es mejorar continuamente aquello en lo que trabajas, aunque sea algo diminuto: refactorizar un componente (diez minutos), añadir nuevos tests (cinco minutos), probar la nueva sección de usuario (diez minutos), describir mejor tal procedimiento (veinte minutos), repasar la lista de tareas para la semana que viene (diez minutos). No es tan difícil. Con el tiempo, provocarás un efecto bola de nieve y comenzarás a ver grandes resultados.

Kaizen funciona, tanto en lo técnico y laboral como en cualquier actividad que realices: hoy no tienes ganas de hacer tu práctica habitual de yoga; no pasa nada, pero realiza al menos seis saludos al sol (de seis a diez minutos), esto hará que no te sientas demasiado apalancado y te animará a retomar la práctica mañana. Ese poco a poco te permitirá llegar a «mucho» con poco esfuerzo. Además, puede que descubras que la acción genera motivación.

Puedo afirmar sin equivocarme que Hub de Libros ha nacido de aplicar profundamente kaizen.

{ Multirepositorios }

—

Denomino «repositorio de datos» a cualquier forma de almacenar y persistir información: bases de datos, relacionales o no, mecanismos de caché como Redis o Memcache, incluso archivos y recursos en la nube, por poner unos ejemplos.

Una de las claves para la creación de software complejo para que sea mantenible, es que tenga un «acoplamiento bajo», esto es, que esté compuesto de elementos que dependen «poco» o lo mínimo posible los unos de los otros, tal y como hemos indicado en la definición de componente en un capítulo anterior. Por tanto, ¿por qué hacer depender una solución de una tecnología de almacenamientos de datos en particular?

Recuerda: un proyecto a muy largo plazo (como pueda ser Hub de Libros), puede que necesite cambiar de motor de bases de datos antes de lo que me imagino y, además, necesita diferentes tipos de repositorios con niveles de rendimiento y persistencia dispares según el tipo de información a guardar.

He visto dramas de soluciones de negocios importantes demasiado ligadas a un «engine» de bases de datos concreto y tan implicado (acoplado) en todo el software, que sustituirlo por otro era casi imposible.

Si tienes una aplicación en donde hay «selects» por todas partes, en cualquier sitio donde te interesa obtener algo de información, entonces tienes un grave problema: tu aplicación es frágil, rígida y difícil de mantener.

Lamentablemente, esta situación se repite continuamente. He visto situaciones difíciles en algunas compañías que no por problemáticas y dolorosas dejan de suceder: han terminado considerando su base de datos (en ocasiones una sola) como un simple almacén o cajón de sastre en donde meter información «como sea» y del modo apresurado en que la urgencia imponga, hoy me hace falta una nueva tabla, oye... ¿me puedes añadir un campo que me hace falta para...? Puff...

Esto es, la falta de reglas de negocio claras acompañadas de un buen análisis funcional, termina traduciéndose en bases de datos enormes, sin diseño y mal estructuradas. ¿El resultado? Problemas de rendimiento, incapacidad total de mejorar esto o lo otro, y una pesadilla para mantener.

Las aplicaciones, al menos en el nivel de la lógica de negocio, deben funcionar sin depender de cómo persisten la información, este es el principio que hay que seguir, más aún en un entorno escalable como Hub de Libros en donde se maneja información de muy diverso tipo y con un gran volumen de datos.

Vamos a ir un poco más allá, y decir que las aplicaciones no modelan nada que huela a tecnología de bases de datos, debe haber «algo» en medio que aísle de esa funcionalidad.

Como he indicado en alguno de mis otros libros, las bases de datos requieren también de mejoras continuas y su crecimiento tiene que ser ordenado.

Si la aplicación no se aisla de la forma de persistir la información que utiliza, entonces comprobaremos que su repositorio irá creciendo en tamaño y complejidad, con más relaciones, vistas, procedimientos almacenados u cualquier otro tipo de objetos relacionados con la tecnología que se use. Y no es que esté mal, tan solo señalo que este enfoque impedirá que la aplicación escale fácilmente, es más, en una aplicación en donde están claramente identificadas las entidades de datos y que sabemos que no va a sufrir «demasiados» cambios, entonces está bien definir la estructura de la base de datos incluso antes de programar nada (lo que se denomina «model first»), pero lo que indico es que esta estrategia es suicida en sistemas grandes que crecerán mucho y que ni siquiera sospechamos las reglas de negocio que deberá soportar.

He visto auténticos monstruos de bases de datos con cientos de tablas y cientos de relaciones 1:n, n:n, etc. en organizaciones que no han hecho el ejercicio de repensar sobre este tema de forma continua como un asunto más a analizar y planificar.

La clave para disponer de un sistema altamente desacoplado y que no pueda acabar como he indicado en los ejemplos anteriores, es volver al concepto de componente: un componente gestiona sus propias entidades de datos y éstas son extremadamente simples y, además, el resto de componentes, si lo necesitan, consumen indirectamente esta información a través de una API que implementa el mismo componente (la que hemos denominado «API intracomponente»).

Por poner un ejemplo, en Hub de Libros, el componente «users» define una única entidad de datos con el mismo nombre que finalmente está implementada como una única tabla en una base de datos. El resto de componentes que necesitan conocer algo sobre los usuarios, interrogan a «users» a través de su propia API.

Segunda idea ponente: puesto que cada componente define de forma independiente el modelo de datos que necesita persistir, cada uno de estos se puede instanciar en diferentes repositorios de datos.

¿Cómo? ¿Un sistema que utiliza distintas fuentes de datos?

Así es, y esta es una de las claves para construir un sistema altamente escalable. Si lo piensas, es lo lógico tal y como te voy a describir a continuación.

¿Por qué guardar toda la información en una única base de datos haciendo convivir entidades que deben tener un alto rendimiento con otras que actúan a modo de históricos?

Por poner un ejemplo, ¿por qué hacer convivir los datos de analítica y logs en la misma base de datos donde está la información de usuarios, pedidos, artículos, etc.?

Hub de Libros utiliza en el momento de escribir esto un conjunto de seis bases de datos diferentes, cada una con un propósito. Describo a continuación algunas:

- Core: donde está la información de usuarios, autores, perfiles, roles, libros, etc. Necesita de mucho rendimiento puesto que toda esa información es consumida continuamente con cada vista que se muestre al usuario.

- Analytics: donde se almacena de manera histórica toda la información sobre analítica que recoge la plataforma. Hablaremos más de ello en otro capítulo. Esta base de datos necesita menos rendimiento de escritura y más de lectura.

- Background: donde se almacenan entidades de datos para los logs, la gestión de tareas y flujos de trabajo (hablaremos de todo esto más adelante). No necesita de un rendimiento alto.

- Articles: como su propio nombre indica, aquí se almacenan todos los contenidos que en el sistema se denominan «artículos».

De este modo, se pueden asignar más recursos a las bases de datos que necesitan más rendimiento, y menos recursos a las que actúan como un simple almacén estático de información (como los logs), y también nos permite jugar mejor con la forma en que se va a explotar la información: la de analítica es tan simple que el proceso de volcar toda esta información para su análisis en un servicio en la nube es trivial.

Tercera idea potente: las entidades de datos que necesita un componente se deben definir de un modo cómodo sin que huela nada a tecnología de base de datos. Esto es, hay que usar algún ORM («object relational mapping») para que haga esta traducción y le simplifique la vida al componente en relación con el uso de los datos que debe gestionar.

Siguiendo con el ejemplo anterior, el componente «users» define su modelo de datos con un simple objeto json, que una librería propia «traduce» en todo lo que tiene que ver con la bases de datos que utilizo (sentencias de construcción, de acceso, etc.). Esta librería está enmarcada en el proyecto «Red Entities» del que hablaremos en el siguiente capítulo.

Como siempre, para poder desacoplar así el sistema de cómo almacena sus datos, hay que pagar un precio: de este modo perdemos lo que se denomina la «integridad referencial» de entidades relacionadas conceptualmente en la aplicación (por ejemplo, usuarios, roles, permisos, autores), pero este precio que pagamos bien vale la pena al disponer de un mecanismo ágil de definición de las necesidades de almacenamiento de datos de nuestro sistema.

Esto es, tenemos que implementar nosotros todo lo relacionado con la «integridad referencial», de modo que un componente sepa cuándo «ha pasado algo» con una entidad de datos de otro componente relacionado. Por ejemplo, cuando se elimina un usuario, otros componentes (como «books», «authors», «reviews», etc.) deben «enterarse» de esto y eliminar también todo lo relacionado con ese usuario eliminado. Esto se hace con el mecanismo de eventos que veremos en otro capítulo.

Lo mismo ocurre con la necesidad de realizar «consultas complejas», de ser necesarias, habrá que cruzar la información de forma programática, ya que el objetivo es que un componente no esté vinculado a cómo otro persiste su información. Si la componetización de la aplicación es correcta (funcionalidad muy granular y aislada), me atrevo a decir que habrá poca necesidad de realizar consultas complejas.

Como siempre, en el equilibrio está la virtud, pero en el caso de Hub de Libros, un bajo acoplamiento como permite este enfoque, da tanta libertad para cambiar esto y aquello, que merece la pena.

{ Red Entities - el ORM de Hub de Libros }

—

Comenzar a construir un sistema «grande» que sabes que va a vivir mucho tiempo, exige tomar ciertas decisiones con cuidado y mucha consideración al principio.

El modo en que la información de los componentes va a persistir es uno de esos temas que hay que pensar muy bien, puesto que una mala decisión te puede dar muchos quebraderos de cabeza en el futuro o incluso poner en peligro la viabilidad del proyecto antes de lo que imaginas, como me temo que he visto en algún proyecto (en ese caso, el coste de una migración a otra plataforma de datos era inasumible).

Por esta razón, pasé mucho tiempo evaluando la cuestión, haciendo pruebas con varios ORMs, buscando un Santo Grial que, por un lado, me permitiera no ligar el sistema «demasiado» a ninguna solución de datos de terceros, ni depender de licencias sin saber su evolución futura y que, al mismo tiempo, le permitiera a los componentes gestionar sus datos de forma ágil y sin complicaciones, además de que en el mismo sistema, pudiesen convivir diferentes bases de datos y hasta de tecnologías de persistencia diferente.

Aparentemente otra carta de los Reyes Magos, pero en realidad algo sencillo de poner en marcha.

Inspirado por cómo Drupal soluciona esto, finalmente me propuse hacer yo mismo una prueba de concepto, un prototipo con el que experimentar un enfoque así y, poco a poco, fui comprobando que el desarrollo de un ORM siguiendo los requisitos anteriores no era demasiado complejo puesto que el objetivo es disponer de componentes que van a manejar entidades de datos simples. De hecho, solo hay un componente que gestiona tres tipos de entidades de datos y no hay en todo el sistema ninguna entidad con más de seis o siete campos (o propiedades).

Por esa razón terminé desarrollando Red Entities, un subproyecto dentro de otro proyecto como Mantra Framework y que publicaré más adelante como un repositorio aparte.

Los componentes que necesitan persistir datos definen su modelo con un simple objeto json, Red Entities se encarga de todo lo demás, de toda esa fontanería interna para crear las estructuras de datos y manipularlos, pero teniendo en mente un propósito fundamental: que los componentes puedan gestionar sus datos sin grandes artificios y de forma eficiente.

Por otra parte, en la misma configuración del proyecto, se indica el tipo de repositorio de datos para cada componente (existiendo uno por defecto si no se indica nada), de modo que en ese archivo de configuración se indican las bases de datos diferentes a utilizar y los distintos tipos de repositorios, todo en el mismo sistema, pero totalmente transparente para los componentes.

Con toda esta artillería, un componente puede persistir sus datos en una base de datos particular en MySql, otro en un Sql Azure, y varios de ellos, si lo necesitasen, en CoachDB.

Ya hemos visto la necesidad de elegir un tipo de solución u otra según la naturaleza de la información y el modo en que se va a explotar en un capítulo anterior.

Por ver algunos ejemplos, desde el repositorio creado para este libro (https://github.com/gomezbl/el-arte-del-emprendedor-digital) puedes ver los modelos de datos para dos componentes diferentes extraídos de Hub de Libros:

- /articles/model/articles.schema.json
- /booshelfs/model/bookshelfs.schema.json

Mantra Framework se encarga de indicarle a Red Entities que tiene que instanciar un nuevo modelo cuando se instala el componente de forma que el ORM «calcula», según el controlador de base de datos específico indicado por configuración, en este caso MySql, todas las sentencias SQL necesarias para la creación de esas dos tablas y sus índices. Además, para cada instancia de una entidad de datos, genera la propiedad ID automáticamente.

Del mismo modo, para el componente, consumir información de su propio modelo se realiza con una sintaxis sencilla, como puedes ver en los módulos del repositorio de ejemplo:

- /articles/articlesRepository.js
- /booshelfs/bookshelfsRepository.js

Sencillo, simple, eficaz, y rápido de escribir, como todas las consultas y accesos a sus datos de todos los componentes en el sistema.

La creación de este proyecto obedece a la intención de disponer de un mecanismo por el que se pudiese crear componentes de forma rápida y eficiente y modificarlos y evolucionar del mismo modo, y que los accesos a sus modelos de datos también fuesen simples, sin que estén ligados a una solución de persistencia de datos específico.

Sí, se puede construir un sistema de gran tamaño con diferentes tipos de persistencia de datos, con entidades de datos extraordinariamente simples y gestionando un gran volumen de información (del orden de millones de entidades).

{ Trabaja Concentrado }

—

Me guste o no, debo atender cada día un conjunto de tareas y responsabilidades de distinta naturaleza, tanto personales como profesionales. No creo que esto sea nada especial, es la dinámica normal de la mayoría de profesionales en una posición directiva.

Hace un tiempo, a medida que la carga de trabajo de asuntos diferentes aumentaba, sufría de mucho estrés y siempre vivía con la sensación de que apenas controlaba mi tiempo y con la desagradable incertidumbre de no saber si podría atenderlo todo. Esto es, vivía como muchos que aún no han descubierto que parte del problema está en la incapacidad de trabajar la mayor parte del tiempo concentrado.

Comenzaba esto pensando en aquello y ronroneando en la cabeza lo del día después, cuando no una llamada inoportuna me interrumpía, me tenía media hora al teléfono (en ocasiones para algo improductivo) y después tardaba quince minutos en volver a lo que estaba haciendo. Y ya no hablemos de trabajar en un entorno mal organizado en donde casi todo tiene que estar para antes de ayer. ¿Te suena?

Curiosamente, he leído de la mano de muchos autores de desarrollo personal (como Robin Sharma, Brian Tracy, Raimón Samsó, Sergio Fernández y muchos otros) que esto es un síndrome de la sociedad occidental actual: la dispersión mental, la distracción continua y la falta de concentración. Lo fomenta el mal uso de la tecnología ubicua que tenemos hoy día.

Mirar si tienes nuevos correos cien veces al día, dejar que el teléfono suene con cada nuevo mensaje de Whatsapp o Telegram, repasar tu facebook, etc., son pequeñas actividades que si bien suponen ocio, en ocasiones nos roban lo más importante: nuestra capacidad de hacer algo bien en el menor tiempo posible.

Esto es una queja habitual de casi todo el mundo: la falta de tiempo, y detrás casi siempre está la incapacidad de trabajar concentrado.

Puedo afirmar que he conseguido hacer un proyecto como Hub de Libros mediante tareas y microtareas durante meses gracias a la alta capacidad de concentrarme en ellas la mayor parte del tiempo.

Esto funciona del siguiente modo: si trabajas en la tarea compleja equis en un estado de concentración normal, tardarás en realizarla, digamos una hora, si trabajas en ella muy concentrado, vas a tardar menos, pero si trabajas ultraconcentrado en un momento del día en que aún estás fresco, tardarás aún menos y la harás mejor. Es decir, el tiempo de realización de una tarea depende de cuándo la hagas y de tu capacidad de fijar la atención.

Piénsalo: ¿qué persiguen tantas notificaciones de apps, redes sociales, etc? Atrapar tu atención. ¿Para qué? Para que te concentres en ellas más tiempo de modo que la puedan rentabilizar.

Si trabajásemos más concentrados, no haría falta dedicar tantas horas a esto y aquello. Piensa por un momento en el impacto que puede tener esto si todo lo que hicieras lo realizaras de ese modo, tú, el equipo con el que trabajas, y si ese efecto acumulado o esa dinámica de trabajo, tendría o no un impacto colosal en los resultados de una compañía. Yo creo que sí.

Trabajar concentrado exige disponer de un entorno adecuado (ordenado, sin distracciones visuales, simple, etc.) y que se esté en armonía también con el resto de colaboradores con quien interactúas.

Tú eres el responsable de crearte las condiciones idóneas donde trabajar lo mejor posible, y cada uno tiene las suyas propias. Si tu entorno no lo permite, intenta cambiarlo haciendo ver que así vas a ser más productivo o detecta los momentos del día en que puedes (o «te dejan») trabajar más concentrado y mete ahí las tareas más relevantes. Busca las tácticas adecuadas según tu situación.

Llevado a un extremo... la vida está hecha de tiempo, si lo piensas así, no vas a querer que nadie te lo robe inútilmente. Trabajar concentrado te dará más tiempo (o sea, más vida de la que disfrutar).

Prefiero hacer una tarea ultraconcentrado y lo mejor posible que varias mal y agobiado, porque sé que esa deuda técnica que dejas en estas últimas te va a pasar factura en algún momento.

Esto no consiste tampoco en vivir cada día en tu propio mundo alienado como abducido por una nave extraterrestre. Solo algunas de las tareas que hacemos cada día, por lo general, requieren de un alto grado de concentración. Cuida de poder hacerlas así, las harás mejor y con más calidad y dispondrás de más tiempo.

Una tarea de desarrollo compleja en la que hay que pensar las cosas muy bien como esa decisión de diseño que no puedes tomar a la ligera, la realizo cuando sé que tengo mi mejor momento de concentración, incluso dejo para otro momento todos esos detalles y refactorings que van surgiendo de modo que abordo estos últimos para un momento más relajado, incluso junto a mis hijas cuando realizan las tareas escolares. En mi lista de tareas siempre hay muchas que puedo hacer en poco tiempo y en cualquier momento. ¿El resultado? Termino haciéndolas, porque sé que cada tipo de tarea requiere del mejor momento para hacerla según su naturaleza y su necesidad de concentración.

Recuerda: los pequeños detalles, como este, sumados en el tiempo, suponen un tsunami de tal volumen que nada tiene que ver con la forma de encarar el trabajo del empleado medio. Si quieres extraer más de tu tiempo, intenta trabajar concentrado todo lo que puedas; contrariamente a lo que pueda parecer, tu mente, trabajando así, se fatigará menos.

Es de sentido común, si un proyecto requiere de quinientas

microtareas, ¿no lo harás mejor y con menos esfuerzo y en menos tiempo si la mayoría de ellas las realizas muy concentrado?

Por otra parte, existe el concepto de «fluir», popularizado por psicólogo Mihaly Csikszentmihalyi en su libro de título «Fluir (flow): una Psicología de la Felicidad», en donde se habla de ese estado mental en que el estás tan inmerso en una actividad concreta, más allá incluso de la concentración, que terminas perdiendo la noción del tiempo, literalmente.

Ese estado se suele conseguir con las actividades que más nos gustan y apasionan; si en tu proyecto consigues muchas «sesiones» en las que fluyes..., entonces tendrás la prueba de que te estás dedicando a algo en lo que crees y que te llena.

{ Metodología Lean }

—

No podemos hacer algo medianamente complejo y que requiere de cierto esfuerzo sin que esté dentro de un marco de trabajo o estrategia. Grábate esto a fuego en tu cabeza, de lo contrario, estás condenado al fracaso antes de comenzar.

Imagina que te propones llegar a correr con comodidad durante una hora sin que las rodillas te exploten ni tus pulmones resuellen. No puedes conseguir ese objetivo dejándolo al azar (o a tus ganas o motivación del momento): hoy salgo a caminar un rato, mañana no hago nada, llega la semana siguiente y quizá sales un ratito a caminar, etc. De ese modo, ya sabemos que nunca llegaremos a correr esa hora (objetivo), y, de paso, nuestra autoestima habrá bajado varios niveles. Es tan solo un ejemplo, pero quizá esto te suene.

Para lograr tu objetivo, hace falta una estrategia, concretarla en acciones y, lo más importante, realizarlas con disciplina, claro, al menos la mayor parte del tiempo: de lunes a viernes saldré todos los días a las ocho a correr durante quince minutos a paso ligero, después, el segundo mes, aumentaré a veinte minutos con intervalos de sprints, etc. Para ello, es buena idea hacerte de una agenda donde anotar poco a poco los progresos y comprobar si te sienta mejor salir a correr por la mañana o al final de la tarde, quizá te gusta más el asfalto o te adaptas mejor a los senderos de tu parque más cercano.

Si lo hacemos poco a poco, tal y como hemos descrito en el capítulo sobre «kaizen», y aprendiendo en cada paso, las probabilidades de éxito se multiplicarán. Esto es, comienzas algo, compruebas y evalúas el resultado, mejoras y continúas.

La autodisciplina consigue más resultados que tu inteligencia; de hecho, no me considero una persona especialmente inteligente, no lo sé, pero sí muy automotivada y disciplinada tan pronto como me propongo algo (no siempre fui así), y eso es precisamente lo que me permite terminar cosas (como este libro que estás leyendo ahora mismo).

La mayoría de las veces que no conseguimos algo no es porque no sepamos hacerlo o porque las circunstancias no nos acompañen (solemos utilizarlas como simples excusas). Fracasamos porque:

#1 No planteamos la estrategia adecuada.

#2 No nos comprometemos con ella.

Lanzar un nuevo proyecto sin saber a ciencia cierta si funcionará tal y como esperamos es algo que solo comprobaremos cuando lo hayamos hecho.

Así es, parece una sandez, pero espera, que sigo.

Nadie tiene una bola de cristal por mucha experiencia que tengas de otros proyectos previos en los que hayas intervenido; como mucho, esa experiencia te servirá para ir más rápido y acercarte más a la posibilidad de éxito. Piénsalo. Si existiese esa bola de cristal, ¿acaso no sería un éxito todo lo que hacemos?

La «metodología *lean*» es esa hoja de ruta y estrategia que planteábamos para el objetivo de correr una hora sin marearnos, pero esta vez para enmarcar y avanzar en nuestro proyecto de forma estructurada, en orden, sin arruinarnos y sin desmelenarnos demasiado.

Se popularizó con el libro de título «El método Lean Startup» de Eric Ries, que dio lugar a toda una cultura «lean» para abordar la creación y evolución de proyectos. Desde entonces, lo he utilizado como uno de mis libros de cabecera y lo recomiendo encarecidamente siempre que puedo, tanto ese libro como todos los relacionados con la cultura «lean» y que incluyo en la bibliografía.

Básicamente, establece un forma de abordar un nuevo proyecto emprendedor de forma científica. De un modo muy simplificado, la ciencia se basa en plantear hipótesis y contrastarlas con datos fehacientes. Lo mismo se puede hacer con tu proyecto.

Éste se basa en una hipótesis que tienes que evaluar con los datos que recojas cuando lo lances, de modo que te basarás en estos datos para decidir la trayectoria (estrategia) del mismo.

Estas son algunas de mis hipótesis que planteé en su día en Hub de Libros: hay una auténtica masa de autores que escriben o personas que se plantean escribir pero no saben cómo empezar, los autores que ya publican no tienen recursos o no saben cómo tener más visibilidad en la web para promocionar sus obras, los lectores tienen dificultad para encontrar recomendaciones sobre sus géneros preferidos, las editoriales necesitan de autores, pero ya con la tecnología, los autores no necesitan a las editoriales, la mayoría de los autores no saben autopublicar y necesitan ayuda, etc.

Hipótesis, hipótesis y más hipótesis. Yo creo que todo lo anterior es así, pero lo puedo demostrar tanto como que hay vida después de la muerte.

Agárrate a la silla porque lo que te voy a decir a continuación puede que te haga boom en la cabeza: tu proyecto no consiste en esa idea maravillosa que «crees» que funcionará, sino que se trata de «probar» si esa idea tiene buena o mala acogida. Punto.

Si lo piensas, el planteamiento y desarrollo del proyecto con uno u otro enfoque no tienen nada que ver; pasas de «creer» a «probar» y «validar», que son cuestiones distintas. Con el primero, te centras en la funcionalidad sin poner límites (que es lo que más nos gusta desarrollar, por cierto), con el segundo, centras los esfuerzos en «medir» para validar tu hipótesis. ¿Lo ves? Ese cambio de enfoque modifica totalmente la naturaleza de tu proyecto.

Imagina que tienes la idea de crear un microservicio con el cual un usuario puede generar facturas al vuelo para profesionales autónomos (fontaneros, electricistas, jardineros, cualquier otro tipo de freelancers, etc.). Como piensas (= crees, pero no lo «sabes») que hay hueco en el mercado para ello, te lanzas a crear un sistema con una web responsiva que le permite al usuario registrase y crear facturas desde diversos «templates», contemplando además las diversas normativas de tu país y de otros, el usuario puede enviarle la factura desde el móvil al instante al cliente, y hasta éste puede pagar inmediatamente porque integras la pasarela de pago con Stripe y Paypal, y hasta añades ciertas utilidades para que el gestor de ese profesional pueda fácilmente llevar la contabilidad trimestral, etc. Y más y más funcionalidad, de modo que después de un año de trabajo, lanzas el proyecto (que ya ha adquirido cierto tamaño) al mercado, y confías en que todo irá bien y que los usuarios llegarán porque sí y tu producto funcionará desde el minuto uno. Bienvenido al mundo de pin-y-pon, como se dice en mi país.

Como nadie tiene esa varita mágica ni esa bola de cristal de la que hablábamos antes, nadie sabe qué pasará, pero tú ya has invertido muchísimo tiempo en implementar o en pagar mucha funcionalidad que no sabes si será realmente útil para tus usuarios objetivos. Esto suele conducir a un desastre salvo que tengas mucha suerte.

Es más, una vez que lo lanzas, ¿cómo sabes que el proyecto funciona? ¿Qué sabes del proyecto? ¿Conoces los usuarios que se registran y que vuelven? ¿De dónde son? ¿Cómo llegan al «site»? ¿Cuántos terminan utilizando la pasarela de pago? ¿Qué funcionalidad no se usa? Esto es... datos, datos y más datos. Hablaremos más de ello en el capítulo de analíticas.

Has dedicado demasiado esfuerzo (y dinero, tuyo o de otro, recuerda además que tu tiempo es dinero) en implementar algo con exceso de funcionalidad que no sabes si funcionará. Mal asunto.

Pero hay otra alternativa mucho más razonable y atractiva. Si te equivocas, que sea lo antes posible (y lo más barato posible).

Con la estrategia «lean» tan solo implementas «alguna funcionalidad», la que crees que puede tener más posibilidades (la hipótesis clave), y preparas el sistema para recoger datos, métricas y «KPIs» (indicadores clave de rendimiento).

Al poco tiempo (no un año como antes), lanzas el proyecto con esa minifuncionalidad y listo para recabar datos. ¿Cuál es tu trabajo entonces? Comprobar con los datos que se vayan generando si tu hipótesis era buena. Si lo es, adelante, entonces hay que mejorar la funcionalidad e ir enriqueciéndola. Pero si pasa el tiempo y los datos claramente indican lo contrario a pesar de realizar campañas de promoción, comunicación y marketing de todo tipo, entonces también tienes una respuesta: esa funcionalidad no interesa, al menos del modo en que la ofreces, pero así tienes la posibilidad de lo que en metodología «lean» se denomina «pivotar».

«Pivotar» consiste en dar un paso atrás, reformular la funcionalidad (hipótesis), plantear otra o afinar la existente, implementarla con el menor esfuerzo posible y a la carga de nuevo.

Este enfoque, a menos que lo pienses un poco, es el lógico, porque además permite dedicar el menor número de recursos posibles para comprobar si algo encaja en el mercado o no.

En el momento de escribir esto, Hub de Libros, como

Plataforma Editorial, está en esta fase: recogida masiva de datos para validar las hipótesis iniciales, y después, a iterar. ¿Hasta cuándo? Se le pondría fin en el momento en que comprobemos que nada funciona después de muchas iteraciones; afortunadamente, todo hace pensar que el proyecto va creciendo de forma estable, en usuarios, acogida e ingresos. ¿Y cómo lo sé? A estas alturas lo tendrás muy claro: con los datos que recoge el sistema y que analizo periódicamente.

Es cierto que con el tiempo y la experiencia, vas evitando los típicos errores de novato de modo que estás un poco más cerca de validar positivamente tus propuestas, así que esos errores se pueden ver como el camino natural de aprendizaje. Lo triste es que no se vea así y haya quien tire la toalla después de varios «fracasos» (o resultados no esperados), cuando ya la experiencia que se ha conseguido es todo un valor en sí.

Otra cuestión que hay que tener en cuenta es el factor tiempo; por alguna razón creemos que las cosas deben funcionar desde el minuto uno, cuando quizá lo natural es que quizá comiencen a dar resultados después de muchos meses e incluso años. Investiga tan solo todas aquellas plataformas que admiras o que usas, verás que todas llevan en el mercado más tiempo del que imaginas y su estado actual apuesto a que no tiene nada que ver con el inicial.

Observa algo importante: si eres tú quien desarrolla a nivel de software la funcionalidad, el planteamiento «lean» tiene profundas consecuencias en el diseño y evolución del proyecto:
• Éste tiene que estar diseñado para soportar muchos cambios,

lo más fácilmente posible (de ahí lo de la componetización flexible y desacoplada).

- Tiene que permitir obtener datos masivamente sin interferir en el normal funcionamiento de la funcionalidad que ofreces.

- Si todo va bien, tu proyecto crecerá y madurará en funcionalidad de modo que en un tiempo, nada será como se planteó en un principio.

Por tanto, diseñar software rígido y monolítico para proyectos «lean» impredecibles, es un suicidio técnico, de ahí la necesidad de plantear una componetización radical del mismo como hemos indicado en un capítulo anterior.

Quizá ahora comiences a comprender por qué esa componetización del proyecto, los multirepositorios y las demás estrategias descritas en este libro son tan importantes dentro del emprendimiento que enfoca un proyecto con la metodología «lean».

{ Gestión de Formularios }

—

En el desarrollo de cualquier proyecto software, de escritorio, móvil o web, qué duda cabe de que se dedica una parte importante del tiempo de trabajo a implementar formularios. Es más, he visto proyectos muy específicos en donde cada una de las decenas de vistas contenía un formulario, y cada uno de ellos se hacía manualmente...

Me pregunto por qué no nos sentamos periódicamente para pensar cómo hacer el mismo trabajo mejor y más rápido (= más competitivo).

No hablo solo del diseño, sino de toda la fontanería que hace falta para poner en marcha un simple formulario:

- Diseñarlo de forma homogénea al resto.
- Obtener los valores iniciales de los campos si hace falta.
- Mostrar el formulario (renderizarlo).
- Validar la información introducida por el usuario.
- Mostrar algún tipo de mensaje cuando la información no es válida.
- Securizar la información.
- Enviarla al «controlador» que se encargará de hacer algo con

la información que gestiona el formulario.

* Mostrar el resultado de la acción del formulario: una ventana popup, ir a otra vista, etc.

Un proyecto como Hub de Libros, al igual que otros, utiliza una gran cantidad de formularios. No me quiero ni imaginar lo que tendría que ser hacer manualmente todo lo anterior para cada uno de ellos.

Por otra parte, un aspecto importante dentro de un mismo sistema, es que el usuario espera que todos formularios funcionen de un modo similar: que los campos aparezcan con el mismo diseño, que los mensajes de validación aparezcan en el mismo sitio, etc. Nada peor que cada uno esté implementado de un modo diferente con un comportamiento incoherente entre ellos.

Se puede pensar que para un nuevo formulario, se «copia y pega» de otro parecido y que ya está implementado, pero esto tiene consecuencias nada deseables a lo largo de la vida del proyecto: cuando hay que cambiar algo, cualquier detalle de mejora o algún aspecto que se nos pasó, hay que ir uno por uno haciendo tantas modificaciones como formularios existan en el sistema... y después, claro, volver a probarlo todo con mucha probabilidad de haber introducido nuevos errores. No es una estrategia productiva.

Hay un enfoque mucho más práctico y seguro y que consiste en utilizar una API a través de un componente o librería para la generación y gestión de formularios.

Esta es una buena práctica que he visto poco utilizada en la mayoría de los proyectos, quizá por la falta de librerías o frameworks que lo incorporen. En Drupal, por ejemplo, sí existe algo similar y existe un mecanismo para esto dentro del «core» bajo el nombre de «Forms API»; por su parte, en .NET existe también una gestión de formularios que tiene la intención de aislar de toda su complejidad.

Sabiendo la complejidad de todo esto, e insisto, no es implementar un único formulario, sino muchos, en Hub de Libros utilizamos nuestra propia API de formularios, funcionalidad que implementa el componente «forms» (qué original). De este modo, definir un nuevo formulario se define «declarativamente» mediante un objeto json guardado en un archivo.

A modo de ejemplo, puedes comprobar la sintaxis en json del formulario para añadir una nueva estantería en Hub de Libros. En el repositorio de código de ejemplo del libro, tan solo tienes que entrar en /bookshelfs/forms/addbookshelf.form.json para ver una muestra de un formulario definido de esta forma.

Más allá de la sintaxis particular, se puede ver claramente que las propiedades indican aspectos concretos del formulario: el contenedor html donde se mostrará, los identificadores para cada campo, sus validadores, y qué hacer cuando el usuario ejecuta la acción.

De este modo:

- Se define rápidamente el formulario con un json.
- Se invoca la API de «forms» que lo renderiza en html, incluyendo todo lo necesario para la validación de los

campos, si se especifica.

- La misma API invoca un «post» al servidor con el contenido securizado de los campos.

¿El resultado?

Un nuevo formulario se tarda en poner en marcha minutos, sabiendo además que su renderizado será homogéneo con el resto del sistema y puesto que la API del componente «forms» se encarga de su gestión, no hay que preocuparse de su validación y securización, puesto que todo ese trabajo ya lo hace el componente antes de devolver la información generada al controlador.

Utiliza un framework para la creación y gestión de formularios: Ahorrará una gran parte del desarrollo del proyecto.

Por otra parte, y lo veremos en un capítulo más adelante, este esquema de definir un formulario por json, es la base para la construcción de «flujos de trabajo» (o «workflows»), otra parte esencial para un sistema «grande», complejo y que necesita además de muchas utilidades de administración.

Más que entrar en los detalles técnicos de cómo está resuelta esta idea en Hub de Libros, lo que me interesa señalar es que puesto que la gestión de formularios es compleja y es la base de muchos sistemas, hay que abstraerla de algún modo mediante el uso de un mecanismo general que nos simplifique un poco la vida.

{ Sistemas y Rutinas sobre Objetivos }

—

Un objetivo, por sí mismo, no es más que un concepto que sintetiza algo que quieres conseguir, pero no indica cómo. Crear una rutina de trabajo que te acerque a él y cumplirla con disciplina, sí.

Esta es la razón por la que los deseos de primeros de año casi nunca se cumplen: no son más que deseos sin un mapa claro para hacerlos realidad (resultados), como perder peso, hacer más ejercicio, leer más o cualquier otra cosa similar.

La mayoría de ellos no se consiguen por dos razones: no los planificamos y nuestro compromiso con ellos no es total.

Cualquier propósito medianamente complejo, que se debe realizar a lo largo de un tiempo más o menos prolongado, y que, además, tenemos que compatibilizar con otras actividades, solo lo vamos a realizar si conseguimos construir un sistema que nos permita hacerlo.

Por tanto, conseguirlo no es más que seguir con el plan y cumplir con ese sistema que tú mismo te has impuesto. Sí, lo sé, sencillo, pero no fácil.

Volviendo al ejemplo de correr una maratón: si lo piensas bien, «correr esos cuarenta y dos kilómetros y doscientos metros» no es más que un deseo, una declaración de principios o un brindis al sol. Lograrlo o no, tan solo depende de que te construyas un plan (sistema) semanal o mensual que vas a cumplir rutinariamente. ¿El resultado? Si defines bien ese sistema, llegarás a correr la maratón.

Tu sistema para un propósito ambicioso y complejo, consiste en incluir en tu agenda una serie de actividades que vas a realizar sí o sí, o, al menos, la mayor parte de las veces (tampoco nos vamos a crucificar si alguna vez fallamos o nos surge un imprevisto). Ese plan lo tienes que construir tú mismo, porque lo tienes que encajar con el resto de tu vida o incluso con otros objetivos.

No vale con decir algo como «cada semana saldré a correr tres veces». Como ya hemos indicado en algún punto de este libro, las tareas deben ser cortas y claras, lo más detalladas posible. Lo anterior es tan vago, que difícilmente vas a encontrar un momento de la semana claro para calzarte las zapatillas deportivas. Es como decirle «no te olvides de hacer los deberes esta semana» a un niño que se no quiere hacerlos.

Crear el sistema consiste en indicar cómo y cuándo vas a realizar algo, encajándolo con el resto de tus responsabilidades, tu estilo de vida, tu trabajo de nueve a cinco o tu familia.

«Saldré a correr lunes, miércoles y viernes de siete a ocho», eso es concreto, claro, te obliga a un compromiso contigo mismo, y una vez que te lo propones, ya no hay excusas, sabes que el lunes a la siete tienes una cita inexorable contigo mismo para realizar una actividad muy concreta. De ese modo, al cumplir con ese sistema, te irás creando de cierta rutina, hasta que llega el momento en el que lo que antes te suponía un esfuerzo (salir a correr) ya no lo es tanto. Hemos insistido ya acerca de esta planificación en otras secciones del libro, pero lo que quiero recalcar ahora es que el «sistema» que creas para llegar al objetivo es tanto o más importante como las tareas que tienes que realizar para alcanzarlo.

Una vez trazado el plan, con el cuándo y el cómo, falta la segunda parte de la ecuación y no por ello menos importante: el compromiso.

De nada sirve un esquema de trabajo si no estás comprometido con él. Si por alguna razón, no lo cumples regularmente, entonces es que en realidad te falta compromiso y, quizá, ese objetivo ambicioso que tenías no significaba tanto para ti. Y no pasa nada, tan solo has descubierto que ese objetivo no te importaba tanto. Yo para esto sigo una regla que creo que me ha dado buen resultado hasta ahora: si le fallo a un compromiso que me he autoimpuesto y no me siento mal por ello y hasta siento una cierta liberación, entonces es que no era tan relevante para mí como yo pensaba.

Siento decirte que la mayor parte de los objetivos ambiciosos que nos planteamos requieren de mucho esfuerzo y perseverancia, de lo contrario, cualquiera escribiría tres libros al año, correría maratones o crearía una nueva empresa cada seis meses, por poner unos ejemplos.

Pero hay una buena noticia: en el momento en el que te construyes una rutina que realizas periódicamente, te creas un hábito, y, con él, lo que te costaba esfuerzo lo terminas haciendo sin él. Yo ahora hago cosas que unos años atrás me habrían parecido inimaginables y que en la actualidad no me cuestan trabajo realizar porque es tal el hábito que incluso si un día fallo, siento como si me faltara algo: madrugar antes, practicar yoga tan pronto como me levanto, escribir a diario, etc.

Crearte un sistema con una alta dosis de compromiso, y cumplirlo, es la única receta para conseguir lo que te propones, al menos para maximizar las posibilidades de lograrlo, de lo contrario, estarás perdiendo el tiempo antes de empezar. Con ese sistema y algo de tiempo, lo que te cuesta esfuerzo ahora lo realizarás a la larga cómodamente.

En esto coinciden todos los autores que hablan de cómo conseguir objetivos y metas en la vida: en esencia, disciplina y compromiso en la ejecución de un plan, y de ahí, mágicamente, se crean rutinas y hábitos con los que el esfuerzo inicial va dejando de ser tal.

¿No es maravilloso? De ahí esa frase que dice «todo es muy difícil antes de ser fácil».

Con el hábito... el «esfuerzo» se diluye, con el plan... sabes el «cómo» y con la rutina... cada día te acercas más al objetivo.

Yo he logrado realizar un proyecto ambicioso como Hub de Libros planteándome mi propio sistema semanal de trabajo, compatibilizándolo de algún modo con el resto de mis responsabilidades, descubriendo además que los avances en lo primero me daba como más energía e ímpetu para lo demás. Y es que esto, extrañamente, funciona así: la motivación y autoestima que consigues al avanzar hacia un propósito, enriquece el resto de áreas de tu vida.

En concreto, me obligué a mejorar mi rutina matutina levantándome antes, tratando de ser más productivo en el resto de mis tareas diarias y aprovechando más los fines de semana. Espero que no pienses que estoy todo tiempo machacándome a base de trabajo; es más, puedo hasta decir que me he divertido mucho y nada más reconfortante que acostarte cada día pensando que has progresado en algo de lo que te has propuesto.

Así, poco a poco, vi cómo cada semana conseguía liquidar tareas relacionadas con Mantra Framework y otras de Hub de Libros, y viendo cómo paso a paso, con mucha práctica de kaizen, cada pequeño avance se iba acumulando hasta llegar un momento en que el producto mínimo viable ya estaba listo para lanzarlo y darlo a conocer.

Crea un sistema (plan claro y muy concreto) para cualquier objetivo que te propongas y comprométete con él.

Objetivo = sistema + compromiso.

Con el tiempo, la rutina y el hábito hará que apenas tengas que esforzarte.

No hay más, lo prometo.

¡Ah! Otra buena noticia: tu competencia también se enfrenta

a las mismas dificultades. Gana el que las supera.

{ Repositorios Dinámicos }

—

Esta es una de las estrategias fundamentales que he utilizado en Hub de Libros para poder soportar grandes volúmenes de información y que el sistema crezca en cantidad de datos sin problemas de rendimiento. Tampoco es necesario gastarse un dineral en servidores con cientos de gigas de RAM cuando lo que hay que hacer es estructurar correctamente la información y contar con la arquitectura software correcta.

Uno de los errores que, en mi opinión, se suele cometer en ingeniería del software consiste en ignorar lo siguiente: el uso que se le vaya a dar a la información determina el modo de almacenarla.

Actualmente tenemos a nuestra disposición una enorme cantidad de posibilidades de almacenamiento de datos: bases de datos relacionales (Sql Server, Oracle, MySql y todos sus sabores, PostgreSQL, etc), bases de datos no relacionales (o NoSql, como MongoDB y Couchbase), repositorios en memoria (como Redis o Memcache), almacenamiento masivo para grandes cantidades de datos planos (como los Azure Storage Tables), etc.

Cada tipo está concebido para un propósito distinto, si bien, algunas implementaciones que usan uno van a funcionar correctamente con otro, como por ejemplo, una aplicación con una base de datos MySql no demasiado compleja, seguramente se pueda implementar también con MongoDB.

Nunca me gustó el concepto de «model-first», en el que se plantea el modelo de datos antes de desarrollar la funcionalidad sobre los mismos. Ese enfoque solo sirve para proyectos tan cerrados y tan bien definidos en los que sí te puedes permitir el lujo de plantear el diseño de la base de datos al principio. Sin embargo, para mí es como crear una caja con ciertas características y después tratar de meter en ella todo lo que surja y forzar si es necesario a que todo encaje.

Ya sabemos que esto en software suele ser más bien la excepción que la regla, puesto que la mayoría de proyectos ni están correctamente especificados o lo están solo parcialmente y pocos son los proyectos que comienzan y terminan y no se vuelven a tocar. Más aún en un proyecto emprendedor que no sabemos qué evolución tendrá.

Por tanto, parece que lo razonable es que el modelo de datos a persistir vaya surgiendo a medida que se van implementando requisitos, y del mismo modo que el código debería ser «flexible» en el sentido de poder ser cambiado con facilidad (lo hemos repetido ya hasta la saciedad), el diseño de cómo se van a persitir los datos, también.

En el capítulo de título «Multirepositorios» he hablado sobre la estrategia que he seguido en Hub de Libros con mi propio ORM para crear «al vuelo» y de forma flexible y dinámica las necesidades de almacenamiento de información de cada componente; en ese caso, la creación de esa estructura de datos solo se hace una vez, cuando se instala el componente, o se modifica cuando se actualiza, también puntualmente.

Ahora hablamos de un enfoque diferente para otro tipo de situaciones.

Según como vayas a explotar la información, necesitas que ésta se encuentre disponible de un modo u otro: la información de sesión de cada usuario tiene que estar disponible en un medio con un gran rendimiento para poder soportar miles de usuarios concurrentes; del mismo modo, todo lo relacionado con autores, sus libros, etc., tiene que tener mejor rendimiento de lectura que de escritura (ya que se van a «mostrar» muchas más veces y la creación de nuevas entidades es más infrecuente). Por su parte, el registro de información de logs, necesita que tenga mucha velocidad de escritura y la de lectura no es tan relevante, ya que, como mucho, se analizarán entradas relativamente recientes para analizar cualquier asunto.

Igualmente, toda la información de analítica puede suponer un gran volumen de información, del orden de 100x en relación con el resto, y los cálculos realizados sobre ella son muy pesados.

Por último, hay mucha información descartable e innecesaria que se elimina para mantener solo lo generado en las últimas semanas o meses.

Esto es, hay datos que necesitan de una gran velocidad de

tipos de acceso, otros que necesitan ser almacenados masivamente para un análisis pesado pero puntual y otros, en cambio, sencillamente no necesitan ni lo uno ni lo otro.

¿Por qué entonces tratar de guardarlo todo en un mismo motor de base de datos y con las mismas características? Piénsalo. Es como comprar un coche y tratar de que sirva para las autopistas alemanas sin límite de velocidad, uso urbano, carriles de campo y, de paso, suficientemente grande para llevar a toda la familia un mes de vacaciones. Diferentes situaciones, distintas necesidades.

Suele ocurrir que trabajamos siempre con un único paradigma y con la forma «tradicional» de hacer las cosas: interfaz de usuario mas lógica de negocio mas acceso a datos a una base de datos, cuando la realidad para aplicaciones complejas y que van a evolucionar mucho es bien distinta.

He visto sistemas «grandes» en los que solo se concibe una única base de datos para todo, e igual de grandes son sus dificultades para escalar la aplicación.

Como ya he mencionado, en Hub de Libros existen actualmente seis bases de datos MySql diferentes y una instancia de Redis, cada una dimensionada para un propósito en concreto. Cada vez que se accede a una vista del sistema, seguramente se esté accediendo a la vez y en paralelo a varias de esas fuentes de datos. Este esquema permite que el rendimiento sea aceptable y la capacidad para cambiar cómo se almacenan los datos, mayor.

Vamos a romper un poco más los esquemas de trabajo que

hemos llamado «tradicionales»: ¿por qué crear la base de datos, sea del tipo que sea, siempre al principio o cuando se instala el componente que la necesita? Hay situaciones en que se pueden plantear otras estrategias.

Esto es lo que denomino «repositorios dinámicos» como forma de describir el modo en que he resuelto de forma eficiente cierta funcionalidad: en Hub de Libros se hace un uso intensivo de los géneros de cada libro, y son muchos géneros diferentes (ahora mismo se distinguen hasta 218), esto es, el usuario navega buscando libros por género en una base de datos que puede contener millones de libros.

Tan pronto como descubres que en tu sistema se discierne una entidad de datos a partir del valor de un campo para el que pueden existir cientos de miles o millones de datos con ese valor, entonces ya sabes que te está pidiendo lo que se denomina «particionado o fragmentación vertical», esto es, dedica una tabla específica para ese tipo de datos que coinciden en el valor de esa columna (y quien dice una tabla, puede decir también una base de datos específica, nunca ha sido tan barato el almacenamiento).

El ORM de Hub de Libros permite durante el funcionamiento del sistema crear una estructura de datos «al vuelo»: siguiendo con el ejemplo, tan pronto como se detecta un nuevo género, el ORM mismo se da cuenta de que no existe la estructura de datos que lo soporte y antes de intentar guardar la información, crea esa estructura, sin que «el cliente» tenga la más mínima noticia de ello.

Esa es la idea y de ahí lo de «dinámico». Esta estrategia la he seguido en varias situaciones diferentes. Se puede pensar que esa creación inicial puede retrasar la interacción con el usuario, pero veremos más adelante que la creación de todo lo «complejo y pesado» se realiza siempre en segundo plano mediante el mecanismo de tareas y eventos.

Igualmente, utilizo esa estrategia para la creación de «artículos» de contenido, según su tipo, se almacenan en una tabla específica permitiendo una alta escalabilidad tan pronto como exista una enorme cantidad de contenido.

Se puede pensar que gestionar todo esto es complejo, pero no lo es ya que todo lo gestiona el ORM: el cliente solo le pasa un json con la estructura de datos que necesita y el ORM ya sabe en cada caso «lo que tiene que hacer». El ORM, de nombre Red Entities, es una librería propia cuya base que comencé hace mucho tiempo para otros proyectos y es, en realidad, una capa muy ligera pero muy eficiente que me permite solucionar problemáticas complejas de un modo sencillo y rápido, pudiendo centrar más los esfuerzos en la funcionalidad de alto nivel.

Esta estrategia, múltiples repositorios de datos (de rendimiento y hasta de tipos diferentes) y algunos de ellos dinámicos, es la que siguen sistemas «grandes» que, además, se sabe a priori que van a crecer en orden de magnitud de datos a gestionar. Si ese crecimiento no se considera bien al principio, después puede suponer todo un problema el cambio en los modelos de datos.

{ ¿Cuándo Termina un Proyecto? }

—

Existe una gran confusión acerca de cuándo se puede dar por finalizado un proyecto emprendedor. Hablamos de probar una idea, materializarla y comprobar si tiene aceptación o no; no nos referimos a esos proyectos «llave en mano» contratados por un cliente bajo unos requerimientos previos.

Este es el séptimo libro que escribo desde que comencé a publicar en 2014 de forma regular. Para mí un libro no es otra cosa que un «proyecto», y en el caso de un contenido de no ficción, como éste, se trata de empaquetar conocimiento para que sea fácilmente digerible para otros, ayudando a los lectores a mejorar algo en lo personal o profesional. Sin duda, confío en que hayas adquirido este trabajo para eso, ¿no?.

Siempre me digo... «si esto me ha funcionado a mí, entonces a otros puede que también».

Yo me considero afortunado de poder ayudar algo a otros desarrolladores, responsables de equipos y directivos, a cambio, éstos me pagan por mi trabajo, como un proyecto emprendedor más. Todos ganamos, todos contentos, así funciona una economía de servicios.

Volviendo al ejemplo del libro, cada escritor tiene un proceso específico para abordar su trabajo: unos escriben de noche, otros por la tarde, otros cuando tienen ganas y habrá quien, como yo, cuando se propone un proyecto así, se planifica cada día un tiempo para avanzar en este trabajo, aunque sea media hora los días de entre semana y una o dos los fines de semana. Ya hemos visto, en el capítulo dedicado a la necesidad de trabajar concentrado, cómo podemos ser muy productivos siempre y cuando esa media hora (piénsalo, treinta minutos) dedicas toda tu cabeza a algo muy concreto.

Un día escribes un nuevo capítulo (unas mil palabras de media), otro estructuras el contenido mejor, otro revisas capítulos anteriores, etc., así, iteración tras iteración, mejora tras mejora, grande o pequeña, vas avanzando en tu proyecto, sea escribir un nuevo libro, algo como Hub de Libros o terminar ese puzzle de 5000 piezas que te regalaron en tu cumpleaños.

En ocasiones me preguntan cuándo sé que el libro «está terminado». Aunque pueda parecer extraño, no tengo ni idea y ni siquiera sé cómo se puede saber cuándo un libro está acabado, porque, como digo, un aspecto que me atrae mucho de escribir es la libertad absoluta que tienes para hacerlo, sin obligación de seguir dogmas ni guías que otros han pensado y que puede que para que ti no funcionen.

Más que dar por finalizado un libro, para mí el punto está en considerarlo suficientemente maduro y profesional como para publicarlo para que otros lo lean y obtengan algo positivo de él: ese es el momento en el que me digo a mí mismo que ya lo puedo publicar.

Soy muy quisquilloso con los detalles: ante una nueva revisión de un capítulo, si encuentro algo que no me gusta del todo, lo doy vueltas y vueltas hasta que quede mejor.

Esto es, trabajo por iteraciones: tarea > revisión > mejora > tarea > revisión > mejora…, así hasta que cierta intuición te dice «ya está». Y aún así, ante una nueva lectura completa del texto, siempre encuentras algo nuevo que aportar, algún párrafo que mejorar, más y mejores ejemplos, quizá piensas en enriquecer el texto con un nuevo capítulo, etc.

A diferencia de un libro que, una vez que lo publicas, ya está y, si acaso, haces una revisión o nueva edición del texto cada cierto tiempo, si bien un proyecto software emprendedor se realiza con la misma dinámica que he descrito anteriormente, el trabajo no termina en el momento en que se lanza y los usuarios ya pueden utilizarlo. Nada más lejos de la realidad tal y como hemos visto siguiendo la metodología «lean».

Esto es, si un libro no se puede dar nunca por terminado del todo, un proyecto software menos todavía.

Existe la idea muy extendida de que una vez que lanzas un proyecto, una app o lo que sea, ya tan solo tienes que esperar a hacer caja, los usuarios llegarán solos y todo funcionará automáticamente y a las mil maravillas. La descripción mediática de ciertos superproyectos de éxito ocultan siempre la dinámica que hay detrás para llegar a ese éxito.

El proyecto no termina nunca, al menos hasta el día que decidas venderlo o cerrarlo.

Me explico.

La primera fase de un proyecto consiste en crear una funcionalidad «suficientemente madura» para darla a conocer (lo que se denomina el «producto mínimo viable» o PMV). Ya hemos hablado en otro capítulo acerca de que en metodología «lean», como nadie tiene una bola de cristal para adivinar el futuro, esa funcionalidad que creemos que es de utilidad no es más que una hipótesis, como por ejemplo: ¿querrán los autores contratar los «gigs» que aparecen en Hub de Libros? ¿Les encajará el precio y la dinámica de funcionamiento?

Por tanto, publicar por primera vez el proyecto en abierto, no es más que lanzar la pregunta al mercado de ¿os gusta?, ¿lo creéis útil? Si es así, ¿pagaríais por ello?

Lejos de acabar, el trabajo del proyecto continúa para responder a esas preguntas. Esto es, la segunda fase del mismo consiste en evaluar su funcionamiento y acogida para decidir qué hacer a continuación.

¿Cómo? Mediante analítica y métricas que después vas a evaluar para tomar decisiones, el feedback de los usuarios, encuestas, etc., cualquier medio que te permita conocer la evolución y aceptación del proyecto en el mercado.

Hub de Libros, para cualquier usuario, puede parecer que es un «site» para publicar, promocionar libros, contratar servicios de publicación independiente, crear estanterías, etc., para una editorial o tienda física, puede ser un buen lugar donde colgar su catálogo de autores y libros, pero para mí, Hub de Libros es una máquina automatizada de generar métricas, y no hablo solo de las que pueda recoger Google Analytics o servicios similares.

¿Cuántos usuarios nuevos hay cada mes? ¿Cuántos gigs y de qué tipo se contratan? ¿Por qué esa utilidad nadie la usa? ¿Cuáles son los libros o autores más visitados? ¿De qué géneros? ¿Qué tipo de usuarios utilizan la web y desde qué tipo de dispositivos? ¿Desde dónde se conectan los visitantes? ¿Tuvo impacto aquella campaña de promoción? Y un largo etcétera tal y como describo en el capítulo de analítica.

Esto es, desde que publicas por primera vez el proyecto, tienes que decidir cómo va a evolucionar y mejorar, y esto es esencial para el éxito del mismo. En base a esa información, decides qué nueva funcionalidad añadir, o mejorar la existente o incluso eliminar esto y aquello.

Pocos proyectos aciertan a la primera, ¿quizá uno de cada mil? La imagen de éxito de cualquier proyecto estrella oculta casi siempre que para llegar a ese punto hubo antes mucha prueba y error, seguida de muchos pequeños fracasos y éxitos hasta descubrir claramente un mercado en el que funcionar bien.

Por tanto, un proyecto no termina nunca, y aunque funcione en cierta medida, su adaptabilidad y mejora continuas hará que sobreviva más o menos tiempo.

Como desarrolladores, nos gusta más esa primera fase de creación inicial del producto mínimo viable, pero debemos saber que el éxito viene después de iterar una y otra vez desde el momento en que publicamos el proyecto.

Es más, quitarte el sombrero de desarrollador y ponerte el de responsable de desarrollo de negocio, puede que no sea lo tuyo, puesto que son habilidades y roles diferentes. Esto último es lo que hace el CEO de una compañía, mejorar el impacto del proyecto en el mercado y decidir el camino técnico del mismo a seguir.

Quizá ahora se comprenda mejor por qué a pesar de lanzar proyectos buenos y útiles, no tienen éxito a medio plazo, porque no asumimos del todo que el éxito no es solo por lo técnico, sino por el desarrollo de negocio posterior, y tan importante es lo uno como lo otro.

{ Flujos de Trabajo }

—

Hemos hablado en un capítulo anterior sobre las bondades y ventajas de la estrategia de «definir» formularios en lugar de implementarlos directamente, de modo que sea una librería intermedia la que gestione todo el ciclo: mostrarlos, validar sus campos y, por último, trasladar el resultado al controlador.

Por definición, y siguiendo una regla de usabilidad y UX («user experience») básicas, al usuario no hay que marearle demasiado con formularios con muchos campos, más aún si accede al sistema con un dispositivo de pocas pulgadas.

Sin embargo, veo cómo incluso en aplicaciones corporativas de cierta entidad y tamaño, se abusa de vistas con formularios enormes, con muchas opciones y posibilidades que, al final, suponen un coste de mantenimiento extraordinario y ya no digamos añadir algo nuevo o cambiar una funcionalidad existente.

Son lo que yo llamo «formularios espagueti», abruman al usuario (y el desarrollador se vuelve loco para mantenerlos sin errores cuando hay que cambiar algo).

Este es el principio que no hay que olvidar: un formulario

existe para «realizar una acción», del mismo modo que el principio de diseño SRP («single responsability pattern» o «principio de responsabilidad única») sugiere que una clase solo realiza una cosa en concreto.

Los formularios «grandes» lo son porque realizan muchas acciones diferentes. Piénsalo, y verás lo fácil que te resulta encontrar cualquier ejemplo. Desarrollar realizando formularios de ese tipo, es un lastre muy pesado para nuestro proyecto, y lo que queremos es simplicidad.

Que un mismo formulario realice varias acciones diferentes tiene un coste técnico: dificultad en la implementación, mantenimiento y evolución. Demasiada complejidad evitable.

Hay un enfoque más práctico y ágil, quizá derivado de la estrategia BPM («business process management»), que, si bien pertenece a otro tipo de contextos, establece un modo de modelar los negocios en forma de «procesos», simplificándolos enormemente y, lo más importante, identificándolos.

¿Cómo se pueden simplificar todas esas acciones que realizan los formularios y que nos obligan a llenarlos de una gran cantidad de campos que hacen difícil su uso por parte del usuario?

Mediante flujos de trabajo.

Un flujo de trabajo es una «acción» que se realiza mediante distintos pasos: primero esto, después lo otro y, finalmente, esa última operación.

Como puedes haber imaginado ya, cada uno de esos pasos es... un formulario, pero pequeño, minimalista hasta lo insultante.

De ese modo, más que usar formularios, obligas al usuario a lanzar «acciones», una estrategia totalmente diferente que nos permite implementar las cosas mucho más fácilmente y trazar mejor qué ha hecho cada usuario y cuándo, además de conocer el resultado.

Veamos un ejemplo sencillo. En Hub de Libros, un usuario con el permiso adecuado puede crear un nuevo artículo. La tentación sería crear un único formulario con los siguientes campos:

- Título.
- Subtítulo.
- Fecha de publicación.
- Contenido del artículo.
- Tags.
- Referencias.
- Etc.

Todo esto supondría crear un formulario que, visualmente, sería extenso; esto no es más que un botón de muestra para algo tan aparentemente sencillo como crear un nuevo artículo.

Mediante un flujo de trabajo, se divide la acción de «crear un nuevo artículo» mediante varios pasos:

Paso #1: Indicar el título.

Paso #2: Indicar el subtítulo.

Paso #3: Indicar la fecha de publicación e idioma.

Paso #4: Crear el contenido.

Etc.

Cada paso… un miniformulario. Fácil hasta lo trivial de implementar (y mantener). Ni que decir tiene que de un paso se puede volver al anterior.

Ahora bien, del mismo modo que necesitamos esa librería para implementar formularios (definiéndolos en objetos json), en Hub de Libros hemos seguido la misma estrategia para los flujos de trabajo.

Se definen mediante un objeto json que, en esencia, consisten en un array en los que cada elemento es… ¿Lo adivinas? Eso es, el json del formulario de cada paso.

Esa librería, cuando el flujo de trabajo termina (el usuario hace «clic» en el último paso), envía toda la información recopilada por el formulario de cada paso al «controlador», y éste hará lo que tenga que hacer.

Con este enfoque:

- Estarán claramente identificadas todas las «acciones» que los usuarios realizan en el sistema. La librería anterior guarda en su repositorio de datos cuándo se lanzó el flujo de trabajo, el resultado (valor de los campos recopilados), cuándo acabó, el usuario que lo lanzó, etc.

- No hay necesidad de crear «formularios grandes» que complican la vida del usuario y del desarrollador.

- Tampoco hay que programar nuevos formularios desde cero, ya que cada paso se define en su propio json y la librería lo traduce a la vista, se encarga de las validaciones, etc.

- Cuando el sistema va creciendo, casi toda nueva acción necesaria de implementar, termina siendo un copia y pega de pasos y flujos de trabajo anteriores con alguna modificación, acelerando muchísimo los tiempos de desarrollo.

En Hub de Libros, y en el momento de escribir esto, existen un conjunto de 48 flujos de trabajo diferentes, la mayoría de administración del sistema. El componente de nombre «workflows» se encarga de todo lo que hemos definido en este capítulo, de modo que implementar una nueva acción es cuestión de minutos. En un sistema ERP que estamos desarrollando desde Solid Stack, actualmente se han desarrollado ya más de cien flujos de trabajo.

Algunos ejemplos de flujos de trabajo en Hub de Libros: el cambio de contraseña de un usuario, la actualización de los libros de un autor, la adición automática de un nuevo libro, la creación, edición y eliminación de artículos, en lanzamiento de una nueva tarea, el cambio del nombre de un usuario, la eliminación de cualquier entidad (libro, autor, comentarios, etc), la creación de una nueva opinión sobre un libro, la creación de una estantería, la solicitud para adquirir un «gig», el establecimiento del precio de un «gig», etc., y muchísimos más para la administración del sistema.

Cada una de esas acciones están definidas en su propio json con la implementación de su controlador específico, tal y como puedes comprobar en el repositorio de ejemplo en /articles/workflows/.

Todo esto surge de la mirada sutil que te debe acompañar cada vez que veas un formulario grande: muy probablemente, tiene que tener ese tamaño porque realiza más de una «acción» diferente, entonces, ¿por qué no estructurar cada una de esas acciones en flujos de trabajo?

Con esta estrategia, le simplificamos al usuario el uso del sistema, nos da más trazabilidad de lo que se ha hecho en cada momento y nos permite desarrollar la nueva funcionalidad mucho más rápido.

Por decirlo de alguna manera, todas las acciones que se realizan en Hub de Libros sobre el sistema desde la interfaz de usuario, están basadas en flujos de trabajo.

Sin embargo, al margen de todo lo anterior, lo importante para mí es lo siguiente: al «pensar» en resolver problemas de interfaz de usuario mediante «acciones» concretas que se materializan en un flujo de trabajo, te permite encontrar soluciones más sencillas y mantenibles.

{ Dudas }

—

Hace un tiempo no comprendía bien aquello que leía y que decía que para lanzar un proyecto emprendedor (que no sabes a priori si funcionará o no), hace falta cierto grado de «desarrollo personal»; tanto es así que algunos autores afirman que el emprendimiento es el mejor camino de desarrollo personal que existe.

Ahora, después de más de diez años trabajando duramente en iniciativas de este tipo, quizá lo comienzo a comprender.

Durante los meses en los que tantas horas he dedicado al primer producto mínimo viable de Hub de Libros, a la vez que atendía a muchas otras responsabilidades, es inevitable pasar por ciertos periodos de duda.

«¿De verdad merece la pena tanto esfuerzo y horas? Pero si ya existen algunos proyectos parecidos... ¿Y si al final lo abandono? ¿No sería mejor centrar todo este trabajo en esos otros proyectos más tranquilos, sencillos y menos inciertos?»

Esto es, alguna vocecita en nuestro interior (¿el ego?) sale de vez en cuando a proteger su derecho a seguir disfrutando de ese sosegado y templado espacio denominado «zona de confort», y lo hace planteándote dudas que pueden boicotear tu propio proyecto.

Dudar en algún momento ante el esfuerzo continuado por algo que no sabemos qué rédito tendrá (recuerda que lanzar un proyecto es lo mismo que plantear una hipótesis al mercado), es normal, forma parte del juego. A mí me ha pasado una y otra vez. Y lo reconozco, abandoné antes de tiempo en alguna que otra ocasión. Y no pasa nada salvo que en ocasiones te queda un regustillo amargo por la labor no terminada.

Ese concepto de «desarrollo personal» consiste precisamente en saber gestionar correctamente y de forma madura esa voz interior que parece que juega en nuestra contra. Su función es impedirnos salir de lo conocido (aún a costa de nuestra felicidad y satisfacción), de modo que hay que hacerle frente de algún modo.

Surgirán desconfianzas, incertidumbres y titubearás, hasta puede que tu entorno cercano te presione por no creer en tu proyecto; pero tú debes contrarrestar todo eso y seguir adelante a pesar de todo, aunque todavía no hayas descubierto esa sensación y placer de lanzar oficialmente un nuevo proyecto y que esté disponible vía Internet en todo el planeta (literalmente). «Ahhhh, sí, esto lo he hecho o lo he liderado yo, con mucho esfuerzo, y continuaré trabajando para seguir aprendiendo sobre mi proyecto».

Yo siento esa agradable sensación de satisfacción cada vez que lanzo la primera versión de algo en lo que he estado trabajando mucho tiempo, no solo Hub de Libros, muchos proyectos anteriores y también todos y cada uno de mis libros (que no son más que proyectos pero de otro tipo).

En la otra cara de la moneda, puede que dudar sea hasta bueno, quizá es el mecanismo que tiene nuestro cerebro de alertarnos para asegurarnos de la dirección que llevamos: «Oye tú, ¿estás seguro de que esto merece la pena?», te pregunta tu cerebro reptiliano (sí, eso existe, y está en una zona del cerebro que se llama amígdala y la tienen todos los mamíferos..., no es broma).

Y tu función como buen profesional y emprendedor es responder a esa pregunta con las únicas dos respuestas posibles.

Abandonando, porque descubres que te falta motivación, que no lo ves del todo claro, que tu compromiso está a la altura de la mayoría de esos deseos de comienzo de año, no es el momento, o bien, prefieres ir a lo seguro, quizá aferrarte aún más a tu empleo de nueve a cinco. Y está bien, por lo menos dejarás de seguir echando horas en algo en lo que no crees (ya hizo entonces su trabajo la voz de tu ego).

O persistiendo, porque vuelves a recordar la motivación última que te obliga a seguir denodadamente con tanto esfuerzo, porque crees en tu proyecto (y en tu capacidad de superación), y porque crees que tienes algo entre manos que necesitan muchas otras personas.

Si optas por lo segundo cada vez que surgen dudas, enhorabuena, has dado con un propósito importante que moviliza tu energía hacia algo positivo.

En cualquier caso, tanto si continúas como si no, por el camino encontrarás la recompensa en la forma de todo lo que hayas aprendido; por lo menos, comenzaste a transitar por él aunque abandonaras en algún momento, y eso ya es más de lo que hace la mayoría. Puede que abandones ese proyecto, lo que quizá te permitirá centrarte en otro cuya motivación sea más profunda.

Yo he sentido en varias ocasiones esas dudas, sobre todo cuando la carga de trabajo de mis otras responsabilidades me impedían poder concentrarme en Hub de Libros, pero siempre salí reforzado de esos momentos al recordar mi propósito en forma de misión para servir a los demás: ayudar a muchos otros autores que aún no saben cómo dar a conocer sus obras y publicar sus textos y sintetizar en este proyecto todo lo mejor de lo que he aprendido como ingeniero software en veinte años.

Según el modo en que gestiones tus dudas, que surgirán con toda seguridad, así evolucionará tu proyecto.

{ Gestión de Tareas en Segundo Plano }

—

Hub de Libros utiliza intensamente la gestión de tareas para la realización de una gran cantidad de funcionalidad en «background», como paradigma de programación distribuida.

No hablo en este contexto de «tareas» como las que nos asignamos en Trello o una aplicación como To-do (que, por cierto, yo uso intensamente), sino desde el punto de vista «programático»: una funcionalidad concreta que se lanza en un momento dado, realiza algo concreto y genera un resultado. Es similar al concepto de «job» o trabajo, pero yo siempre he preferido llamarlo «tarea» («task») porque ese término se acerca más a su propósito.

Me sorprende ver a menudo sistemas en los que la navegación es lenta, con un esquema parecido a lo siguiente (desglosado muy básicamente):

- El usuario «hace algo», esto es, interactúa con el sistema haciendo clic para ver otra vista o para lanzar un formulario, por poner unos ejemplos.

- En el siguiente paso, el controlador encargado de realizar la actividad, realiza todo, absolutamente todo lo necesario para completar la acción, involucrando en ocasiones una gran cantidad de accesos a la base de datos o API de terceros, que «no necesariamente» debe ser realizado en ese momento.
- Mientras, el usuario se queda esperando a que lo anterior termine, con la impresión de que el sistema es lento, y con razón.

Quizá llevado un poco al extremo: aprendemos a desarrollar software asíncrono pero no llevamos ese concepto a la interfaz de usuario ante las acciones de los usuarios ni a tareas en segundo plano que debe realizar el sistema.

Me temo que he visto soluciones que rozan lo aberrante al obligar al usuario a esperar diez, veinte segundos o más para poder realizar otra acción. Imagina un día entero trabajando con un sistema así, o bien que tus usuarios tengan esa percepción de lentitud que hará que no vuelvan más a tu «site» (perdiendo así oportunidades de rentabilización).

Lo anterior suele ocurrir por las siguientes razones:

- Hay que hacer algo costoso en una base de datos relacional y hasta que no termine no se puede continuar (quizá para mantener la integridad referencial en una interacción compleja).
- Se trata de implementar una funcionalidad compleja con una visión monolítica: primer paso, segundo paso, así hasta el último, aunque se tarde mucho, sin intentar

«paralelizar» esa funcionalidad de algún modo.

- Se realizan acciones que no necesariamente se tienen que hacer en ese momento. ¿De verdad se tiene que hacer inmediatamente o en tiempo real?
- No existen entidades de datos pesadas de obtener «pre calculadas».

Por poner un ejemplo. Un autor en Hub de Libros añade un nuevo libro a su perfil (portada, título, etc).

Esta acción aparentemente trivial, implica por detrás mucho trabajo: adición de la portada al repositorio de archivos, actualización de algunas métricas para analíticas, adición del nuevo libro al «engine» indexador para las búsquedas (que actualmente es Elastic Search), y algunas cosas más.

Si todo eso se hiciera justo en el momento en el que el usuario termina con el flujo de trabajo para añadir un nuevo libro, debería esperar a continuación varios segundos para que todo lo anterior se realizase.

Además, hay un factor de indeterminación: puesto que esa acción depende de terceros que no te garantizan la disponibilidad 100% ni un alto rendimiento todo el tiempo, el proceso puede tardar a veces cinco segundos y en otras, algo más.

Hay una estrategia mejor con la que no solo conseguimos que las interacciones con el usuario sean ágiles sino que, además, nos permite desacoplar aún más las acciones de un usuario con lo que el sistema debe hacer.

De ahí el concepto de «tarea»: siguiendo con el ejemplo, tan pronto como el autor hace clic para añadir el nuevo libro, se genera una nueva tarea de nombre «add-new-book» (súper original, vaya), que se procesará (ejecutará) en background en algún momento, a los pocos segundos o más tarde si el sistema tiene otras tareas pendientes.

De este modo, el usuario termina la acción de añadir el nuevo libro y rápidamente obtiene la respuesta del sistema para que pueda seguir interactuando con él y haciendo otras cosas, ya que se realiza en segundo plano todo lo pesado que implica esa acción.

Un ejemplo más claro de esto es cuando un usuario escribe un mensaje de contacto: en Hub de Libros se envía un correo a admin@hubdelibros.com.

Para ello utilizo SendGrid, plataforma que uso desde hace años y que recomiendo; lanzar un correo suele ser rápido, pero puede tardar uno, dos o tres segundos mientras se invoca la API de SendGrid y se obtiene la confirmación.

¿Dejar esperando al usuario tres segundos después de enviar el formulario de contacto? Mal asunto, percibirá con detalles de ese tipo que el sistema es lento.

En su lugar, tan pronto como el usuario termina con el formulario de contacto, se genera otra tarea de nombre «send-mail» que se encarga, es evidente, de enviar el correo, tarde lo que tarde. ¿Resultado? El usuario percibe rapidez y el correo se termina enviando segundos más tardes, aunque se envíe minutos más tarde, es un correo, ¿qué más da?

No solo este mecanismo de tareas se utiliza para agilizar la respuesta al usuario, sino también para actividades en segundo plano que son ciertamente pesadas y que deben realizarse periódicamente.

Por poner unos ejemplos reales extraídos de Hub de Libros:

- El cálculo de los autores y libros recomendados que aparecen en el «landing page» o página de inicio. Ese cálculo puede tardar bastante porque tiene en cuenta mucha analítica y su propio algoritmo. Y tardará más a medida que haya más autores, libros y más analítica de más usuarios. En el momento de escribir esto, todos los usuarios ven los mismos autores y libros recomendados, pero tengo previsto particularizarlo según la trayectoria e interés del usuario, un cálculo aún más pesado.

- Las tareas de limpieza periódicas, como eliminar entidades antiguas de logs de más de un mes, o los workflows anteriores a seis meses, etc.

- El cálculo del ranking de un libro: cada vez que un usuario crea una nueva opinión, no se actualiza el ranking del libro inmediatamente, en su lugar, sí, lo has adivinado, se lanza una tarea cuyo propósito es precisamente ese, actualizar el ranking de un libro.

- La creación de los backups de las bases de datos: diariamente, se lanza una tarea cuyo propósito es crear un backup por cada base de datos y subir el resultado a un repositorio de archivos «cloud». Esta actividad tarda varios minutos.

- Y un largo etcétera.

Actualmente, en Hub de Libros existen unas cincuenta tareas diferentes que se lanzan automáticamente o bien ante acciones de los usuarios creando como una especie de organismo cuyas células están en continuo funcionamiento coordinado aunque el usuario no lo perciba.

Con esta estrategia, la navegación por la web es ágil, rápida y, por tanto, la impresión del usuario, mejor.

Este mismo mecanismo de tareas en segundo plano se utiliza para precalcular entidades pesadas, como hemos dicho anteriormente, a modo de caché: últimos autores añadidos, últimas opiniones creadas, métricas totales del sistema (número de usuarios, de libros, tamaño de los repositorios de datos, etc). Si no fuese así, muchas vistas de la web implicarían decenas de consultas pesadas a las bases de datos: multiplica esto por mil usuarios concurrentes y ya tienes un sistema tan lento como la web de la Agencia Tributaria de mi país.

La creación de tareas de este modo, te da además visibilidad total de todo lo que ocurre en el sistema, pero para ello, necesitas un «gestor de tareas».

En Hub de Libros, existe un componente denominado «tasks» cuyo único propósito es ejecutar tareas nuevas cada varios segundos; cada ese intervalo, interroga a su propia base de datos si hay tareas nuevas que procesar, si es así, las ejecuta en orden de antigüedad, guarda el resultado (si lo hay) y las marca como ejecutadas, entre otras muchas cosas.

Sin entrar en demasiado detalle técnico, ese «engine» de tareas a través del componente «tasks» se ejecuta en su propio proceso aparte, algo que permite cómodamente el framework que utilizo, de modo que no interfiere con el proceso donde se ejecuta el servidor web.

Para lanzar una nueva tarea, cualquier componente invoca la API del componente «tasks» y éste guarda un nuevo registro en su base de datos como tarea pendiente de ejecutar.

Esta estrategia ni es nueva ni la he inventado yo ni es la primera vez que la utilizo, pero lo que sí puedo afirmar es que permite crear sistemas grandes con mayor orden y control en todo lo que se ejecuta, al tiempo que permite una usabilidad de la interfaz de usuario mucho más satisfactoria.

Por su parte, ¿cómo se define una nueva tarea?

Con Mantra Framework, un componente puede registrar tareas que en algún momento serán lanzadas por otros componentes.

Por poner un último ejemplo ilustrativo, el panel de control de Hub de Libros muestra información muy pesada de calcular. ¿Cómo se calcula? Mediante una tarea que se lanza una vez cada dos horas, generando el resultado que después se muestra a modo de métricas de forma inmediata.

La gestión de tareas es una estrategia fundamental en sistemas que manejan un gran volumen de información y que no se pueden permitir calcularlo todo en el momento cada vez que el usuario demanda algo.

Para mí, esta forma de desarrollar un proyecto, constituye un paradigma de creación de sistemas verdaderamente grandes.

{ Analíticas }

—

Ya hemos visto en un capítulo anterior la necesidad de conocer lo que ocurre en el proyecto para tomar decisiones al respecto, de ahí que en la metodología «lean», un proyecto se considere más como una hipótesis que hay que comprobar.

¿Cómo? Con datos, claro.

De la adquisición y análisis de estos datos, y de las decisiones que se tomen a partir de ellos, dependerá el éxito y la buena dirección del proyecto.

Lee lo anterior de nuevo porque ahí está la clave de por qué la mayoría de las iniciativas emprendedoras no pasan al siguiente nivel.

Existen diversas herramientas que se pueden integrar en una aplicación web para tomar cierto tipo de analíticas, como Google Analytics y HotJar, pero habrá otras, muy relacionadas con la funcionalidad particular de tu proyecto, que tendrás que implementar tú mismo, o bien contratar un servicio de almacenamiento y análisis de datos masivo como los que ofrecen los grandes proveedores cloud actualmente (Azure, Google Cloud y AWS).

Para que te hagas una idea, algunos de los datos que en Hub de Libros necesito para comprobar el funcionamiento del proyecto son: los autores más visitados, los libros más visitados, número de nuevos usuarios registrados en el mes así como el número de nuevos autores, las estanterías nuevas creadas, el ranking de libros más añadidos a ellas, los usuarios más activos, los autores más seguidos, el número de nuevas opiniones creadas, número de «gigs» vendidos así como su tipo, origen geográfico de los visitantes de la web, y un larguísimo etcétera. Marea un poco, y eso que Hub de Libros no es un proyecto excesivamente grande aún. En la sombra, existe toda una infraestructura dedicada a recopilar datos sin que el usuario tenga la más mínima idea (y sin que el rendimiento de la interfaz de usuario se vea afectado).

Además, necesitas métricas de rendimiento para comprobar que todas y cada una de las secciones de la web funcionan con un rendimiento óptimo (que no es más que responder en menos de un segundo a cada interacción del usuario), así como datos sobre los costes que te genera la infraestructura cada mes.

Algunos de los datos anteriores serán considerados KPIs («key performance indicators» o «indicadores de rendimiento clave») para confirmar que tu proyecto camina sólidamente hacia los objetivos esperados (en forma de usuarios, contenidos, rendimiento económico, etc).

En cualquier caso, se intuye que ahí hay una gran cantidad de trabajo más allá de la necesidad de seguir añadiendo o modificando funcionalidad al sistema, más opciones, etc.

En Hub de Libros utilizamos intensamente Google Analytics para recabar cierta información y analizarla una vez al mes, pero otro tipo de datos son almacenados directamente en una base de datos particular a través del componente «analytics».

Este componente no es más que un contenedor para guardar datos muy básicos de forma masiva en forma de contadores y datos analíticos, para los que con solo un par de valores clave, se puede guardar todo lo que necesites.

Por poner un ejemplo, cuando un usuario visita el perfil de un autor, se guarda una nueva entrada en donde la primera clave es el identificador del usuario y la segunda es el identificador del autor visitado. La mayoría de los valores almacenados son así de sencillos. Cuanto más sencillos, más fácil el análisis posterior. Sí, puede que parezca algo rudimentario y puede que existan estrategias más sofisticadas, pero como todo, para mí ahora mismo es más que suficiente y puesto que esto es «lean», siempre podremos ir mejorando incluso la toma de analíticas más adelante.

La «analítica de datos» consiste en analizar toda esa información para dar respuesta a las preguntas anteriores.

Por tanto, antes que guardar a lo loco datos, tienes que plantearte cuáles son los indicadores que necesitas conocer con detalle según la naturaleza de tu proyecto y después comprobar cómo obtenerlos, si con un servicio de un tercero o un desarrollo propio.

Al guardar esas métricas periódicamente, irás viendo cierta

tendencia en el comportamiento de tu proyecto, y con toda esta información, lo tendrás todo para tomar decisiones, esto es, sabrás qué funciona mejor y qué no funciona, la tendencia en el tiempo de esto y lo otro, y, por tanto, podrás decidir si mejorar cierta funcionalidad, intensificar las campañas o promociones, etc.

Lo importante, más que el cómo guardar los datos y el cuándo analizarlos, es la idea de que los necesitas como base para avanzar y seguir evolucionando tu proyecto.

Esta dinámica es sencilla de poner en marcha, y es precisamente lo que define la metodología «lean», que, en esencia, consiste, como hemos dicho antes, en: Iterar > Medir > Persistir / Pivotar / Mejorar. Ese «medir» consiste en analizar los datos anteriores y el resultado de ese análisis nos conducirá a persistir, pivotar o mejorar, y vuelta a empezar.

Muy rara vez un proyecto funciona desde el minuto uno en que se lanza, de ahí que sea clave ese trabajo de análisis para averiguar el comportamiento de los usuarios y tomar decisiones al respecto. Siento decírtelo, pero este trabajo es tan importante como arduo.

Por poner algunos ejemplos... Imaginemos que en Hub de Libros veo que un porcentaje alto de usuarios vienen de México; teniendo esa información, ¿no debería intensificar la promoción en ese país? Al hacerlo, probablemente mejoraría los resultados; la cuestión es que con esos datos (mayores visitas desde México), puedes tomar decisiones.

O bien descubrimos que un 60% de las visitas se realizan a

libros de género romántico y suspense (y por tanto podríamos incluir una sección específica para esos géneros), o que solo dos de los «gigs» que se comercializan acaparan el 80% de las ventas, o bien que hay treinta autores que son seguidos masivamente, etc.

Datos, datos y datos. Solo a partir de ellos se deben tomar decisiones.

La «analítica» es un asunto clave y una ciencia en sí misma con su complejidad, de modo que si eres tú mismo el que inicialmente va a hacer este trabajo, te recomiendo que te leas algunos libros al respecto (en las referencias incluyo varios que me gustan mucho) o que asistas a algún seminario.

Yo lo veo así: lanzas el proyecto y en un principio, éste es un barco que va a la deriva perdido en medio del océano, pero con el paso del tiempo (quizá muchos meses o años), vas recabando mucha información útil que analizas periódicamente y que te ayuda a ir poco a poco corrigiendo el rumbo hasta que un día, por fin, las métricas de éxito de tu proyecto (sean cuales sean) comienzan a estar en positivo, o bien, después de mucho tiempo, descubres que el barco sigue cada vez más perdido, y entonces ya sabes la respuesta a la hipótesis que te planteaste inicialmente con tu proyecto.

Con datos y analítica, es mucho más probable encontrar el rumbo lo antes posible; sin ellos, ¿quién sabe lo que puede pasar? Nadie, quizá la suerte, de ahí lo de «hipótesis».

Piénsalo: si no mides de algún modo el impacto de una campaña de algún tipo, ¿la volverías a hacer? Si no sabes qué hacen los usuarios en tu web ni de dónde vienen (búsquedas, referencias o redes sociales), ¿cómo enfocar mejor el proyecto y mejorarlo?

Ya lo hemos mencionado a lo largo de este libro: el trabajo no se acaba cuando se lanza la primera versión, sino que se continúa en otra fase en la que el análisis tiene más peso que el añadir o mejorar la funcionalidad.

Por último, dos puntos clave: la recopilación masiva de información analítica no debe impactar en el rendimiento de las interacciones del usuario. Para ello, hemos seguido la implementación de «tareas» tal y como comentamos en un capítulo específico que son lanzadas ante «eventos» (algo que veremos más adelante).

Por otro lado, si la información a analizar es masiva (del orden de millones o decenas de millones de datos), existen herramientas específicas para este trabajo con las que primero «vuelcas» toda la información y después la analizas más ágilmente, como SAS, Tableau, Qlikview, etc.

Como vemos, tanto lo uno como lo otro está totalmente desacoplado, ganando independencia de modo que evitamos eso de que al «tocar aquí» haya que cambiar «también allí» (lo que en software se denomina como «rigidez»).

{ Disciplina }

—

Un poco más de crecimiento personal...

Opino que la disciplina es un concepto que no está del todo bien entendido; para la mayoría de las personas, es sinónimo de esfuerzo, trabajo duro, algo que hacemos de forma obligada o impuesta.

Sin embargo, como veremos, la autodisciplina es un gran favor que te puedes hacer a ti mismo.

Como cualquier otro propósito importante que te propones en la vida, lanzar un proyecto emprendedor como Hub de Libros, requiere tener claro una hoja de ruta y unas fechas (hitos) que cumplirás, o al menos lo mejor posible. Yo creo que un «hito» es algo así como una luz en el camino que te indica la dirección, tanto si llegas correctamente a él el día indicado como si te quedas cerca; lo importante es esa dirección y no desviarte de ella.

Pero somos humanos, y aunque cada día tenga las mismas veinticuatro horas, cada día es diferente: surgen asuntos imprevistos, hay una tarea que te ha dejado exhausto y te impide hacer más, te reclaman asuntos familiares ineludibles, sencillamente estás cansado, la discusión con tu pareja del día anterior te ha dejado de mal humor, o bien otros días estás lleno de energía y muy motivado, puede que porque sea viernes, comienzas un periodo de vacaciones o has terminado de pagar la hipoteca.

Esto es, somos una montaña rusa emocional que, de algún modo, debemos aprender a gestionar.

¿Y qué tiene que ver todo esto con la parte técnica de un proyecto software?

Mucho, porque por extraño que parezca, tanto desarrollando software como en cualquier otra actividad, nuestro ser emocional se impone sin que lo podamos evitar sobre todos los demás ámbitos de nuestra vida, el trabajo también.

¿Estás contento? Seguramente trabajarás más ese día y serás más creativo. ¿Estás algo triste? Puede que hagas todo lo contrario y te atiborres de chocolate.

Pero hay un camino intermedio en el que aprendes a gestionar y aceptar tus emociones inteligentemente y seguir adelante.

Cada uno funcionamos de forma diferente, e incluso con la edad, nuestra percepción de las cosas va cambiando; no obstante, es inevitable que tengamos que aprender a detectar y controlar en cierto modo este estado emocional, que tanto va como viene o se transmuta en otro.

El imponernos cierta disciplina consiste en decirnos a nosotros mismos que no importará cómo nos sintamos o lo que ocurra una semana en particular: nos predisponemos a cumplir con un objetivo importante a largo plazo cumpliendo pequeños objetivos en el día a día, disciplinadamente. Cada día, o los momentos que tú te hayas prefijado de la semana, te sientas como te sientas, te pondrás a trabajar en esos momentos y cumplirás con tus tareas para avanzar en ellas.

Puede que suene a algo militar, aunque en realidad, la disciplina de cumplir periódicamente con las tareas que te has asignado a ti mismo, es un hábito y rutina que nos sirve para hacer algo sí o sí quitando de la ecuación todo ese torbellino emocional y anímico que es el ser humano. Y hacerlo tiene consecuencias casi mágicas que te voy a explicar a continuación.

Cuando tienes entre manos algo con lo que estás ilusionado pero en lo que tienes que trabajar duro mucho tiempo, el sentarte cada día para avanzar aunque sea un poco, te hace sentir satisfecho de ti mismo. «De acuerdo», te dices, «ya pase lo que pase hoy, yo ya he cumplido conmigo mismo».

Te da autoestima, porque al cumplir con tus propios objetivos, eliminas la incertidumbre de no controlar en cierto modo tu vida: te demuestras a ti mismo que, al margen de las circunstancias, tú harás lo que tienes que hacer.

Y, por último, descubrirás que tan pronto como te creas el hábito de dedicar cada día algo de tu tiempo a ese proyecto u objetivo, comienzas a verlo como un momento en el que, por fin, puedes estar centrado haciendo algo muy concreto.

Te hace sentir «avanzar».

¿Hacia dónde? Hacia tus objetivos, claro.

¿Cómo? Mediante la acción, obvio.

La mayoría de los proyectos que se terminan, tienen detrás a gente que ha trabajado con disciplina en ellos y resolviendo continuamente inconvenientes y atendiendo a la vez muchas otras cuestiones. Y nosotros no vamos a ser diferentes. No seamos torpes y veamos solo la punta del iceberg ignorando que para lanzar algo importante que funciona, hay que tener un golpe de suerte con algo que ha costado poco esfuerzo realizar.

Yo no me considero una persona «lista», ni siquiera demasiado inteligente, más bien en la media, claro, pero te puedo decir con toda seguridad que las personas que son capaces de trabajar con disciplina y una dirección clara, consiguen más resultados que otras con un coeficiente intelectual mucho más alto (y algo perezosas y sin dirección).

Este libro es un buen ejemplo de ello: me propuse desarrollarlo a lo largo de tres meses como mucho (hito), y para ello establecí un plan que intentaría cumplir al máximo con disciplina al menos la mayor parte de las veces.

Cada mañana, después de practicar yoga y de salir a caminar o correr un rato si el tiempo me lo permite, y antes de ponerme con el resto de mis obligaciones profesionales, me siento y activo treinta minutos el cronómetro de mi móvil. Ni uno más ni uno menos. En esa media hora, desactivo todas las notificaciones que pueda recibir (hasta las llamadas) y trabajo lo más concentrado posible en la siguiente tarea del libro (que puede ser escribir una nueva sección, repasar y revisar las anteriores, plantear nuevas, etc.).

Suena la alarma del cronómetro, termino la tarea que esté haciendo, cinco minutos más o cinco minutos menos, y hasta el día siguiente.

Esta mini disciplina me permite trabajar un rato día a día en este libro hasta su finalización y publicación, hasta el punto de que llega un momento en el que si por alguna razón no puedo dedicarle ese tiempo, me siento como si no me cepillara los dientes, como si al día le hubiese faltado algo. Del mismo modo trabajo en Hub de Libros.

Si la motivación es la correcta, si haces algo para lo que estás muy motivado, la disciplina es sencilla de implantar y la herramienta que te permite trabajar periódicamente en ello.

Por resumirlo de algún modo...

¿Cómo eres capaz de trabajar en algo importante como un propósito?

Porque te motiva lo suficiente.

¿Cómo sabes lo que tienes que hacer cada semana?

Porque te has creado una hoja de ruta (planificación) y lo has dividido en tareas.

¿Y cómo eres capaz de no fallar para trabajar en ellas?

Creándote el hábito de la disciplina.

Motivación, planificación y disciplina: todo lo demás surge de ahí.

Ohhhmmmm

;-)

{ Estrategias de Alto Rendimiento }

—

La filosofía de diseño de Hub de Libros, al igual que otros sistemas «grandes» en los que he trabajado, se basa en esencia en lo siguiente:

- Que pueda evolucionar y mantenerse fácilmente.
- Que la arquitectura y el diseño permitan soportar grandes volúmenes de datos (en la forma de las entidades que utiliza: libros, autores, usuarios, opiniones, artículos, documentos, gigs, analíticas, logs, etc).

Y digo «filosofía» porque todo ello afecta completamente a la forma en la que la funcionalidad está implementada y que está presente también en cierto modo en sistemas muy escalables:

- Sistema basado en componentes «pequeños» y muy desacoplados.
- Acceso a datos a través de un ORM ligero y que permite gestionar distintas fuentes de datos en el mismo sistema.
- Tareas en background, poco acoplamiento con las dependencias, etc., tal y como ya hemos visto con más detalle en otras secciones del libro.

Ahora bien, en el diseño y la arquitectura deben estar presentes desde el minuto uno la necesidad de un alto rendimiento, si no es así, te puedes llevar muchas sorpresas desagradables (y perder muchísimo tiempo) cuando el sistema esté más avanzado.

Nada peor que trabajar duro en un proyecto que cumple con la funcionalidad estupendamente, pero que el usuario percibe más lento que el caballo del malo y, lo que es peor, su rendimiento es difícil si no imposible de mejorar sin cambiar demasiadas cosas.

Esto es, el rendimiento tiene que estar en tu mente desde el comienzo, y a la vez, encontrar cierto equilibrio entre el buen diseño y el desacoplamiento de la funcionalidad.

Por su parte, el renderizado de cualquier vista de la web, tanto la sección de usuario como el portal de administración, sigue técnicas de optimización que deberían estar presentes en cualquier portal web medianamente complejo.

Ocurre como en cualquier otro tipo de sistemas: el alto rendimiento no se debe a una única técnica, sino al funcionamiento completo de muchas de ellas a la vez. Unos microsegundos ahorrados en algo que parece insignificante, pueden ser importantes con mil usuarios concurrentes o en el acceso a millones de registros.

A continuación describo algunas de las estrategias que hemos seguido para que Hub de Libros sea un sistema que responde rápido con la carga de trabajo actual, pero que podrá soportar muchos más usuarios y entidades en el futuro.

- Las imágenes se envían exactamente con el tamaño que necesita cada vista. Para ello utilizo mi proyecto Smart Web Resource, publicado en GitHub, y que permite manipular imágenes «al vuelo» sin necesidad de tenerlas predefinidas (diferentes resoluciones, etc).
- Los archivos css y js necesarios en la web se envían «minificados», ofuscados y compactados en un único archivo. Estos archivos que se envían ante cada «request», se calculan una única vez, la primera en la que un primer usuario accede al sistema desde el momento en que se pone en ejecución (cada vez que se hace una actualización, lo que suele ocurrir semanalmente). Con esto, el tamaño de los assets enviados es mínimo (ahorrándole datos al usuario que accede desde un dispositivo móvil con datos móviles) y la transferencia más rápida.
- El mecanismo de «templates» o plantillas que utilizo está basado en Mustache: me parece simple y muy eficiente.
- Los assets del proyecto que se visualizan en la web se envían con una fecha de caducidad de un año; esto es, el navegador los «cachea» ahorrando tiempo y mejorando la rapidez de carga y navegación.
- El servidor web (a través de Mantra Framework), guarda en memoria todos los assets del proyecto que en un momento dado pueden ser solicitados, como las vistas parciales, templates, bloques, json de definición de formularios y flujos de trabajo y resto de archivos

significativos.

- Todo lo que se ve en la página de inicio está «precalculado», esto es, en la versión actual, no se calculan los autores y libros recomendados para el usuario (algo bastante costoso en tiempo y muy intensivo en la base de datos). Sino que existe un mecanismo con el que cada día se realiza ese cálculo mediante una «tarea» diaria.
- Por supuesto, el servidor web, en producción, está configurado para utilizar compresión en las respuestas.
- Tan pronto como el número de usuarios lo exija, se podrá balancear el tráfico web entre distintos servidores.
- Uso masivo de cachés temporales: hay ciertos elementos que pueden cambiar (como por ejemplo, el bloque con los últimos autores añadidos), pero no cambian de un minuto a otro. ¿Por qué tener que buscar en la base de datos los últimos autores añadidos cada vez que el usuario visita la vista donde aparecen? Para ello, existe un componente (de nombre «tempcache») que almacena información con un tiempo de expiración, si pasa ese tiempo, la vuelve a solicitar. De este modo, se minimizan las veces en las que se realizan cálculos pesados.
- La misma naturaleza de los componentes hace que las consultas a la base de datos sean muy simples, puesto que cada componente utiliza, como mucho, una o dos tablas. En ningún acceso al sistema hay un «join». Sí, léelo de nuevo. ¿Por qué? Porque para un sistema que

crece tanto, el basar la información en una estructura relacional (que también cambia), acoplar la información a estructuras de bases de datos relacionales, es un lastre para la fácil evolución y mantenimiento. Se paga el precio de que cuando sea necesario mantener esa integridad referencial lo tienes que asegurar tú, pero obtienes a cambio la libertad de gestionar los datos más fácilmente y no ligarlos a una solución de datos en particular. De hecho, algunos componentes están ya pidiendo a gritos migrar sus entidades de datos a servicios como los Azure Storage Tables. Esta estrategia no es una obligación, la he empleado porque para la naturaleza de las entidades de Hub de Libros tenía sentido y el coste de hacer consultas «cruzadas» es mínimo.

- Como ya hemos visto en el apartado que habla de las «tareas», todas las actividades pesadas se implementan como tareas que se lanzan en distintos momentos.
- Uso efectivo de programación asíncrona.
- Se utilizan técnicas de Javascript para que el código sea eficiente: loops efectivos, uso correcto de hashtables y un largo etcétera.

Como se puede comprobar, son muchos aspectos diferentes que afectan tanto al diseño del sistema como a su despliegue. Aún quedan puntos por mejorar, aunque con todo lo anterior más muchos otros pequeños detalles, el rendimiento del sistema es bastante bueno.

{ Afilando el Hacha }

—

Se cuenta la historia de aquel leñador al que le encargaron cortar los árboles de una montaña; el primer día cortó muchos, el segundo algo menos, y el tercero no llegó ni a la mitad del día anterior. Su patrón le preguntó cuándo fue la última vez que afiló su hacha; el pobre leñador, cansado de que cada vez le costase más derribar un nuevo árbol, le respondió que no había tenido tiempo, que había estado todo el día ocupado trabajando (esta es, más o menos, una versión muy resumida del cuento).

Nada peor para un desarrollador de software que trabajar demasiado tiempo en un único proyecto, la misma tecnología, una única metodología, un único mundo ignorando la riqueza que se puede encontrar en los demás.

Si todos tus esfuerzos se dirigen a un mismo tipo de solución, quizá te estés perdiendo la oportunidad de conocer otro tipo de enfoques y de productos, también formas diferentes con las que otros programadores hacen su trabajo. Esto es, te estás poniendo unos límites muy pequeños como profesional.

Pienso que es muy enriquecedor abordar diferentes tipos de proyectos a lo largo de los años; para eso, no hace falta que en tu empleo oficial de nueve a cinco intentes hacer cosas nuevas. Cualquiera puede experimentar con un prototipo de algún proyecto que te interese: quizá probar un servicio nuevo de tu plataforma cloud preferida, o instalar aquellos contenedores de productos de terceros, quizá hasta utilizar un «framework» en javascript para hacer un juego simple o probar a hacer una aplicación web con tecnologías que no conoces bien.

La lista es infinita, el límite solo te lo pones tú.

Yo para esto tengo una receta propia: a menos que me interese algo, si reconozco que no tengo ni idea del asunto, la bombilla se me enciende y ya mi curiosidad me va llevando sola para encontrar respuestas.

«Ahhh, Docker», me decía hace varios años. «¿¿Los contenedores son así como máquinas virtuales ligeras? ¿Cómo? ¿Y eso de Kubernetes? ¿Un nuevo paradigma de despliegue de aplicaciones? Ni idea», y entonces ya tenía el terreno abonado (y la curiosidad) para aprender todo lo relacionado con ello, al menos lo suficiente como para integrarlo en mi kit de herramientas y conocimiento como profesional.

Lo mismo me ocurrió con aquello de ejecutar javascript en el lado del servidor y muchos otros conceptos. Cada uno funciona de un modo, y tienes que descubrir el tuyo, claro está, pero a mí, basta que me pique la curiosidad para comenzar a dedicarle tiempo a un asunto.

Me suena extraño decirlo, pero llevo en esta profesión más años de los que recuerdo, y aún así, rara es la semana que no aprendo algo nuevo, por pequeño que sea, y hasta descubro de vez en cuando cosas asombrosas de otros que yo nunca habría sido capaz de crear. Esto es así porque la creatividad no tiene límites y nuestro trabajo como desarrolladores profesionales es una actividad esencialmente creativa con «apariencia técnica», como suelo repetir.

Pero no estamos hablando solo de desarrollo de software, sino de emprendimiento digital, para lo que también hay que conocer bien soluciones similares a la que estás planteando con tu proyecto.

Durante el desarrollo de Hub de Libros, no solo he estado trabajando en ese proyecto, ni mucho menos; además de las soluciones que dirijo actualmente desde Solid Stack, de vez en cuando he estado realizando, casi por jugar, ciertas pruebas de concepto y, por supuesto, viendo a fondo algunos repositorios de código que me gustan mucho y cuyos autores admiro como profesionales. Además, durante este tiempo he impartido algunas «mentorías» a compañeros de otras empresas sobre calidad de software y prácticas de código limpio, refactoring y testing, lo que me ha permitido «recordar» algunos conceptos que no tenía tan presentes. También, las entradas que periódicamente escribo en mi blog y hasta los capítulos de mis libros, son ejercicios que me permiten asentar conocimiento.

Comento todo esto a modo de circunloquio por lo que te voy a decir a continuación.

Puede parecer que no hago otra cosa en mi vida; nada más lejos de la realidad. Tengo muy claros los límites que existen entre mi profesión y el resto de áreas que deben formar la vida de una persona, sabiendo que debe existir un equilibrio entre todas.

También es cierto que, quizá, y puesto que nuestro trabajo «oficial» engulle gran parte de nuestro tiempo productivo, para todo lo que comentaba más arriba hace falta dedicar tiempo y éste tiene que salir de algún sitio, quizá priorizando todo eso sobre cierto tipo de ocio vacío como ver demasiada televisión o dormir demasiado.

Todo lo anterior es nuestra forma particular de «afilar el hacha» como profesionales. Está en nuestras manos convertirnos en unos profesionales estancados en unas zonas de confort muy reducidas, o salir de ella y «ver mundo». Recomiendo esto último, por si aún no te habías dado cuenta, porque es el único modo de enriquecer tu trabajo (y tu carrera profesional) poco a poco, ser más versátil y, por tanto, aumentar además tu valor como profesional.

También entiendo que quizá a un ingeniero informático de «vocación», como yo, todo lo anterior le pueda resultar un poco más sencillo, pero no se puede olvidar que nuestra profesión es de las más dinámicas que existen, es más, cada día que pasa es incluso más difícil definir exactamente los límites de ella porque la tecnología, actualmente, es más transversal que nunca y casi todo se solapa.

Afilar el hacha es una necesidad para los desarrolladores de software, y todavía lo es más para los que nos lanzamos a crear de la nada nuestros propios proyectos emprendedores y negocios, para lo que hacen falta otro tipo de habilidades.

En Hub de Libros he concentrado ideas y hasta pequeños proyectos software que germinaron en otros proyectos que nada tenían que ver con lo que finalmente he creado dedicado al mundo del libro y de la democratización de la publicación: la librería para la gestión masiva de archivos, la generación «al vuelo de imágenes» a través de sus URLs de acceso, la API de creación por declaración de formularios, la conceptualización de flujos de trabajo, todos aquellos asuntos de seguridad que aprendí en otros proyectos, el despliegue en la nube, la gestión de la configuración para actualizaciones sencillas y rápidas y un largo etcétera.

Me gustaría pensar que la mucha o poca experiencia que has ido acumulando en tantos proyectos tan diversos, finalmente te sirve para crear algo nuevo y hacerlo aceptablemente bien, sin ignorar que afilar el hacha también consiste en ver los proyectos de otros compañeros y empresas, como LeanPub, Wattpad, Freepik y muchísimos más.

Dedica algo de tu tiempo a afilar el hacha en todo aquello que te interese. Poco a poco, como por ósmosis, todo lo que hagas se verá beneficiado.

{ Actualizaciones }

—

Desde el punto de vista de un sistema que lanzamos sabiendo a priori que evolucionará constantemente, las actualizaciones del mismo tienen que ser sencillas de hacer, fiables y seguras.

Para ello, en Hub de Libros, a diferencia de otras aplicaciones complejas en las que he trabajado con alguna actualización cada varios meses, he tratado de simplificar el proceso al máximo. En estos momentos, se realiza una actualización cada semana o cada dos semanas como mucho, y esto no es un capricho sino una estrategia.

En ocasiones, los cambios no se aprecian visualmente en la interfaz de usuario sino que se mejora funcionalidad de la infraestructura: optimizando el acceso a algunos datos, inclusión de nuevas analíticas, micromejoras de rendimiento, diversos refactorings, actualización de algunas de las dependencias, una nueva mejora en la seguridad, rediseño de un componente o incluso mejor organización en alguno de los proyectos.

Estas iteraciones son a las que yo les doy el nombre de

«limpiar el patio trasero»; el usuario final no las aprecia, pero son muy importantes; aunque pueda parecer que con ellas no se avanza en funcionalidad, permiten que las nuevas características que se introduzcan más adelante se puedan implementar más fácilmente y con mayor consistencia. Son, por tanto, muy importantes.

Antes de plantear una funcionalidad relevante, siempre me pregunto cómo necesitaría evolucionar el sistema para que se pueda implementar con sencillez. Esto puede implicar varias actualizaciones antes de implementar finalmente esa nueva funcionalidad varias semanas después.

Es mucho mejor actualizar el sistema con pequeños cambios que dejar acumular muchos. La razón de esto es que, aunque pruebes la actualización en local o en un entorno de preproducción, ese enfoque de «pocas mejoras incrementales» reduce las posibilidades de que algo crítico salga mal y, además, al ser actualizaciones pequeñas que afectan a «pocas cosas», son más rápidas de hacer.

Además, los usuarios prefieren una progresión suave del sistema y no ver cambios radicales de un día para otro: en la funcionalidad, en el diseño, etc.

Las estrategias para que un usuario no note que el sistema está siendo actualizado son varias y están fuera del alcance de este libro: desde crear una web temporal indicando que el sistema está en modo de mantenimiento hasta la redirección DNS a un clon del sistema mientras el de producción se actualiza.

Puesto que las actualizaciones que se realizan en Hub de Libros, por el momento son muy sencillas e incrementales y tardan del orden de pocos minutos, actualmente opto por la sencillez más pragmática: se para el sistema, se lanzan los backups, actualizo a la nueva versión y lo vuelvo a poner en marcha. Esto se hace con apenas cinco o seis comandos y la última vez que lo hice no tardó ni dos minutos en realizarse todo correctamente. Otra cosa es que haya miles de usuarios concurrentes constantemente, en ese caso, la estrategia para la actualización se deberá hacer un poco más sofisticada para que el usuario perciba continuidad del proyecto sin interrupciones.

Antes de realizar una nueva actualización, el sistema es probado en local completamente con backups recientes de todos los datos de producción: bases de datos, repositorios de datos, etc. Se lanzan una vez más los tests unitarios y de integración y se prueba manualmente la funcionalidad de alto nivel. Puesto que de una versión a la siguiente casi nunca hay cambios importantes que puedan provocar conflictos serios, lo anterior suele llevar poco tiempo, y, de haberlos, son irrelevantes e inmediatos de corregir.

Nada más actualizar el sistema en producción, vuelvo a lanzar una batería de pruebas para comprobar que todo va bien. Si es así (y la mayoría de las veces lo es), etiqueto la versión actual en el repositorio de código y creo una nueva versión del sistema. Para ello, y siguiendo la filosofía de «simplificar» al máximo todos los flujos de trabajo del proyecto con una gestión de la configuración simple, tan solo aumento en un número la versión del proyecto. Actualmente va por el 14. Simple, pero eficaz. Otra cosa son las librerías que utiliza Hub de Libros, como Mantra Framework, files-repo y otras también realizadas por mí; en ese caso, sí sigo la nomenclatura clásica de «versionado semántico» en la forma x.y.z.

Cada vez que se implementa una nueva característica en el sistema o se mejora algo, por insignificante que sea, lo incluyo en un documento de texto dentro del apartado de la versión actual además de indicarlo en el «commit»; si el cambio implica hacer algo en especial como actualizar un componente en producción, lo indico en especial. De este modo, cuando vaya a actualizar la siguiente versión, ese pequeño log manual de cambios me permite saber con exactitud qué hay que hacer y que no se olvide nada. Esto no es más que una metodología simple que, lógicamente, cambiará tan pronto como en el sistema trabajen más personas y éste vaya haciéndose cada vez más complejo.

Por el momento, el sistema lleva operativo desde marzo de 2020 sin interrupciones, lo que me hace pensar que este flujo de trabajo sencillo adaptado a la naturaleza de Hub de Libros, va por el buen camino.

¿Por qué hacer las cosas innecesariamente complejas?

Hasta en Amazon me encuentro en ocasiones mensajes indicando que tal o cual funcionalidad no están operativas por trabajos de mantenimiento, y no pasa nada. Quiero decir, que tampoco hay que obsesionarse con que una funcionalidad esté anulada temporalmente, siempre que se le informe al usuario debidamente.

Cada actualización, siguiendo la filosofía de trabajo de kaizen, descrita en uno de los capítulos, es como un paso más en la mejora del sistema, de modo que cuando el sistema de producción ya está funcionando con lo último y ves esta o aquella mejora activa, sientes cierta satisfacción, como si tu criatura hubiese cumplido años.

«¿Cómo será la actualización #40?», te preguntas.

Y entonces imaginas un producto mucho más profesional, con mucho más contenido y usuarios y mejores métricas de rendimiento.

Con eso en mente, vuelves al trabajo para comenzar la próxima iteración.

{ Seguridad }

—

Lejos de la intención de describir con detalle cómo está implementado en Hub de Libros todo lo relacionado con la seguridad, ni de que este capítulo sea una introducción a un tema tan amplio como complejo como es la ciberseguridad, sí indicaré las prácticas más importantes utilizadas en Hub de Libros y algunas consideraciones al respecto.

Hablamos de «seguridad» en el sentido de que tu sistema tenga vulnerabilidades que permitan ser explotadas por un bot, un ataque intencionado o que incluso un usuario trate de utilizar tu proyecto sin respetar sus términos de uso.

En cualquier caso, me gustaría destacar varias ideas importantes: existe una seguridad pasiva (la de los entornos y sistemas donde se ejecuta el sistema) y activa, más relacionada con el «acceso» a tu proyecto.

Por otra parte, del mismo modo en que no es buena idea preocuparse del rendimiento del proyecto cuando ya tienes mucha funcionalidad implementada, sino que la optimización debe estar presente como un requisito más desde el comienzo del proyecto, todo lo relacionado con la seguridad también. Si no se consideran esos dos aspectos del desarrollo de software en una etapa temprana del proyecto, después puede ser más complicado implantar las buenas prácticas de rendimiento y seguridad.

Existen varios niveles para securizar una aplicación como Hub de Libros, en cierto modo compleja e instalada en un entorno distribuido y en crecimiento.

El primero de ellos reside en la infraestructura en donde está desplegado el sistema. Los sistemas operativos deben estar actualizados, los firewalls activados, asegurándote de que solo están abiertos los puertos imprescindibles con las reglas adecuadas y se deben poner en marcha todas las prácticas de buen uso a la hora de utilizarlos, como por ejemplo lanzar los procesos de tu proyecto con un usuario no administrador, activar reglas en el firewall de modo que solo se puedan abrir sesiones por SSH desde algunas IPs; pero todo esto, claro está, va a depender del entorno en donde instales tu proyecto y de las tecnologías de despliegue que utilices (máquinas virtuales, contenedores, entorno cloud, etc.).

Raro es el proyecto que no depende de paquetes o librerías de terceros, y éstos pueden tener vulnerabilidades. Uno de los procedimientos habituales y recurrentes en el mantenimiento del proyecto debe consistir en asegurarte de que todas esas dependencias se encuentran actualizadas; cabe destacar el esfuerzo de estos años en la comunidad de Node.js (con NPM) para evitar que se cuelen paquetes malintencionados.

Existen muchas formas de proteger el sistema contra los

ataques más comunes y, digamos, hasta «clásicos»; enumeraré cómo lo hemos implementado en Hub de Libros.

Hemos integrado el paquete «helmet» correctamente configurado para la mayoría de los ataques comunes. Para ello, Mantra Framework permite invocar un manejador especial de los componentes que lo quieran implementar para añadir o modificar aspectos del servidor web cuando se inicializa.

Por su parte, CORS está también integrado con el paquete del mismo nombre, y lo mismo ocurre con DDOS.

Tiene especial relevancia XSS; para ello, el framework «sanitiza» todos los valores que son enviados desde cualquier formulario antes de que lleguen a los controladores en sus correspondientes componentes o los rechaza si encuentra algo extraño.

Por su parte, cada formulario generado automáticamente cada vez que un usuario lo solicita, contiene un token que es comprobado cuando sus valores son enviados al controlador.

Ni que decir tiene que el acceso a la web de Hub de Libros está securizado por SSL con su correspondiente certificado, tanto para el dominio principal como para todos los subdominios que se utilizan en el sistema.

En alguna sección del libro, se comenta que Hub de Libros está actualmente desplegado en tres máquinas virtuales; las de «servicio» solo son accesibles desde el único cliente posible, que es aquella en donde está instalado el servidor web y el procesador de tareas.

Al utilizar MySql, éste también está correctamente

configurado con todas las medidas de seguridad recomendadas.

Al tratarse de un proyecto en el que cualquiera se puede registrar, y hasta publicar sus propios libros y crear ciertos contenidos, existen muchas medidas de «control» para garantizar que los usuarios utilizan el proyecto según los términos de uso del mismo.

Tanto los avatares de los usuarios y las portadas de los libros son supervisadas poco después de que los usuarios las actualicen. Las opiniones que cualquier usuario escribe sobre un libro son revisadas antes de que se publiquen y lo mismo ocurre con la actividad más relevante que un usuario puede realizar. Esto no es «controlar», sino tratar de que la calidad de los contenidos creados por los usuarios sean respetuosos y no violen las normas de la plataforma.

En cualquier caso, y a medida que un sistema crece en número de usuarios, siempre habrá algunos con dudosas intenciones. Para ello, el administrador del sistema puede desactivar un usuario para impedirle su acceso. Sí, este usuario puede intentar volver a registrarse con otro correo, pero puesto que el registro requiere la confirmación desde una cuenta de correo válida y activa, se confía siempre en que un usuario de este tipo termine aburriéndose... Si no es así, se puede averiguar la IP de origen y utilizarla para la siguiente estrategia que comento a continuación.

Existen además dos tipos de «listas negras»: por IP y por correo electrónico.

El sistema nunca responderá a un supuesto usuario que

solicite un «request» desde una IP que esté en la lista negra; lo mismo ocurrirá con ciertos correos electrónicos que se encuentren en su lista negra correspondiente.

Todas estas estrategias son necesarias y pueden hasta suponer cierta pérdida de rendimiento del sistema para comprobar que se accede al mismo correctamente.

Del mismo modo, se ignoran algunas cabeceras «http» para que un usuario malintencionado conozca detalles acerca de la implementación del sistema.

Estas, junto con otras medidas que no indico por razones evidentes, son las características de seguridad implementadas actualmente.

La seguridad es, como hemos visto, también un trabajo continuo que hay que procedimentar durante la fase de mantenimiento del proyecto y revisarlo periódicamente.

En cualquier caso, y puesto que la tecnología no es perfecta, siempre hay que ponerse en lo peor de modo que el sistema completo se pueda restaurar en poco tiempo en caso de catástrofe (aunque sea improbable que esto ocurra), y ésta puede no venir necesariamente de un «ataque», sino, por ejemplo, de un fallo crítico de la plataforma donde se alojan las máquinas virtuales. Esto es, hay que contar con cierto plan de contingencia ante una situación así.

Para ello, en Hub de Libros se realizan backups de las bases de datos varias veces al día así como de todos los repositorios de archivos que se utilizan.

{ Economía Gig }

—

No hace muchos años, realizar cualquier tipo de proyecto suponía tener una red de colabores cercanos de un tipo u otro, contar con financiación de agentes también locales y ofrecer tus servicios y productos también a un entorno local.

Llegó Internet, y lo cambió todo (sí, decir esto es evidente, pero lo comento por si aún no te has dado cuenta).

De repente, las largas distancias ya no son tales y mediante las redes sociales descubrimos lo fácil que es recuperar el contacto con aquellos familiares que se fueron a vivir a otro país o incluso volver a saber de tus amigos de infancia.

Y la economía también cambió, poniendo a nuestro alcance (casi a golpe de clic) millones de nuevas posibilidades, productos y servicios.

Y también clientes.

Hay quienes se han dado cuenta de esa ola, y otros que todavía necesitan conocerla un poco más para saber que existen muchas más puertas abiertas de las que pensamos para todo lo que nos propongamos. ¿Por qué realizar algo para venderlo en tu entorno cercano cuando la tecnología nos permite llegar a casi cualquier parte del plantea?

Del mismo modo, nuevos modelos y paradigmas laborales están surgiendo: profesionales independientes (agentes libres o «freelancers») se dieron cuenta rápidamente que podían ofrecer sus servicios a cualquier persona o compañía del planeta con acceso a Internet, surgiendo portales como Fiverr, Upwork, Toptal y muchos otros desde donde proponerte como profesional y, ¿por qué no?, trabajar desde casa de aquello que sabes hacer bien: diseñador, maquetador, programador, creador de contenidos, mantenimiento de sistemas, revisión de textos, traducción de libros, etc. Los límites y la oferta de tus servicios los pones tú.

Es más, parece que esta es la tendencia creciente, como un nuevo paradigma laboral: las compañías contratan a un personal mínimo fijo, todo lo demás, se externaliza a profesionales independientes sin importar dónde vivan o dónde paguen sus impuestos, trabajando por proyectos.

No entro en valorar si esto es bueno o malo, que cada uno se forme su opinión, pero sí indico que esto es lo que está sucediendo ya (en USA el 30% de los trabajadores son «freelancers»).

Si lo piensas desde un punto de vista del riesgo, como profesional, llegarás a la conclusión de que es menos arriesgado depender de muchos clientes que de un solo empleador. Claro está, para lo primero, debes pulir otro tipo de habilidades que no son solo técnicas (marketing, tu propia marca personal, facturación, inglés, etc.)

En respuesta a todas estas nuevas posibilidades que permite la tecnología, surgió entonces lo que se denomina la «economía gig» y el nirvana para profesionales altamente cualificados que se han dado cuenta de que trabajar en un empleo para una misma compañía es más arriesgado (y económicamente peor) que ofrecer tus servicios a muchas organizaciones diferentes, trabajar por proyecto, diversificando tus clientes (particulares, otros profesionales, empresas) y con una dinámica de trabajo diferente al esquema de nueve a cinco y salario mensual (aparentemente más seguro).

Un «gig» es un servicio (o microservicio) especializado que un profesional realiza para ti para cubrir cualquier necesidad que tengas, sea algo que le puede llevar una hora como varios días. Este esquema de trabajo puede tener sus luces y sus sombras, pero bien aprovechado, nos abre un nuevo mundo de posibilidades, tanto si compras gigs como si los suministras a tiempo completo, parcial o como ingresos extra a tu trabajo «oficial».

Una parte de tu proyecto se puede descomponer en una serie de micro tareas (gigs) que puedes subcontratar a profesionales en cualquier parte del mundo encontrando mucha mejor calidad y precios más competitivos que en tu entorno local. También puedes contratar, claro está, el proyecto completo o una primera versión del mismo.

Por poner unos ejemplos, en Hub de Libros he contratado gigs a través de Fiverr: los logos (28€), un theme para la incorporación de webs de autor (17€), la portada de este libro

(49€) y, por el momento, alguna campaña de promoción.

Hub de Libros también nació con la vocación de ofrecer servicios a autores para que puedan generar sus obras con calidad y publicarlas mundialmente.

Varios componentes se encargan de ello. Sobre esta parte, me gustaría destacar algunos puntos.

Un usuario puede contratar un gig de los disponibles. Cuando elige uno, se lanza un «flujo de trabajo» para que indique fácilmente todo lo que se necesita para el gig.

Cuando se termina de lanzar la petición, algunos gigs directamente pueden ser abonados, otros requieren de validación. Desde el panel de administración se tiene todo lo necesario para valorar el gig, asignarle el precio correcto y cambiar su estado de modo que el usuario reciba un correo y una notificación para que sepa que ya puede realizar el pago.

Hemos integrado la pasarela de Stripe para la realización de pagos con muy buen resultado: me llevó más tiempo activar la cuenta con los datos de mi empresa en el portal de administración de Stripe que implementar el componente que se encarga de los pagos en Hub de Libros.

Yo creo en la economía gig, pienso que es un escenario maravilloso para profesionales cuyo espíritu es el de mejorar continuamente, pero también para crear servicios que se venden automáticamente desde tus proyectos.

Visto desde cierto punto de vista, Hub de Libros es una plataforma para comercializar gigs (servicios) a autores, atrayendo a éstos y a sus lectores mediante contenidos y utilidades (otros muchos autores, sus libros, opiniones, estanterías, artículos, webs de autor gratuitas, etc.) y con una fuerte infraestructura de analítica y administración para saber qué ocurre en cada momento.

{ Eventos y Orquestación de Componentes }

—

Ya hemos hablado de la importancia de que un sistema complejo, con mucha funcionalidad y que va a evolucionar continuamente, necesite estar basado en componentes ligeros, pequeños y desacoplados (con mínima o ninguna dependencia entre ellos).

Ahora bien, esa independencia se refiere a que lo que haga un componente no afecte a lo que haga otro directamente, pero sí hay ocasiones en las que «algo que ocurre» en el componente A necesita ser «conocido» por el componente B y éste debe hacer algo al respecto, pero sin crear una vinculación «dura» entre ambos para mantener su independencia.

El mecanismo para notificar a terceros de que ha sucedido «algo» está basado en «eventos», algo, claro está, muy presente en el desarrollo de software y en contextos muy diferentes.

No obstante, en pocos proyectos veo que se utilice un mecanismo de eventos. Bien usados, nos permiten desacoplar aún más nuestro código. Esto no es más que una implementación concreta del modelo «Pub/Sub» (publicación / subscripción).

En Hub de Libros, un componente puede «lanzar» un evento indicando que algo ha sucedido, mientras que los componentes que necesiten ser notificados de ese mismo evento se subscribirán a él y serán invocados.

¿Cómo envía un componente un evento? A través del framework, por supuesto.

¿Cómo «escucha» un componente que un evento concreto «ha sucedido»? Registrándose al mismo a través del framework, claro. Recuerda que indicamos que el framework es algo así como un «pegamento» que liga unos componentes con otros para facilitarles la vida y que se puedan desarrollar con facilidad.

Por poner un ejemplo extraído de Hub de Libros: un usuario puede contratar un gig para solicitar un servicio, el componente que implementa los gigs que existen actualmente (son ocho), cuando el usuario termina el flujo de trabajo para solicitarlo, lanza el evento «new-gig-requested». Y punto, ahí se queda, ya ha hecho su función.

Sin embargo, otras partes del sistema necesitan saber que algo así ha ocurrido: el componente «admin» está subscrito a ese evento, de modo que cada vez que es lanzado, el framework se lo notifica (y envía un correo a admin@hubdelibros.com indicando que se ha contratado un nuevo gig, entre otras cosas). También el componente «hdl-analyticts» está subscrito al mismo, y cuando es invocado añade la analítica correspondiente.

Otro ejemplo puede ser cuando se elimina un usuario. Existen muchos componentes que de algún modo mantienen información del usuario: sus contenidos, sus opiniones, sus estanterías, los autores y libros que seguía, hasta su log de actividad, etc. En total, unos quince componentes guardan información del usuario para implementar su funcionalidad. Necesitan conocer que el usuario ha sido eliminado para que, a su vez, puedan eliminar de sus modelos de datos respectivos toda su información relacionada.

He puesto este último ejemplo adrede, porque se puede pensar que si en la base de datos relacional existiesen las relaciones y restricciones adecuadas, tan pronto como se eliminase el registro del usuario se eliminaría todo el resto de entidades relacionadas en cascada y de forma automática trasladando esta responsabilidad al gestor de la base de datos.

Espero que a estas alturas del libro tú mismo puedas tener la respuesta a la cuestión anterior. ¿Quién ha dicho que la base de datos sea relacional? Por definición, los componentes «no dependen» de cómo persiste su información, de esto se encarga el framework y la configuración del mismo en el proyecto. Los componentes no saben, ni deben saber, que hay otras entidades que «beben» de algún modo de su información (en el ejemplo anterior, el identificador del usuario).

¿Por qué? Para mantener un desacoplamiento extremo (de ahí lo de «componetización radical») entre los mismos componentes y cómo se guarda su información, lo que nos permite... libertad, flexibilidad y una capacidad de cambiar y mantener individualmente cada componente extraordinarias, además de mantener repositorios de datos sencillos y también desacoplados. Con este paradigma de trabajo, podemos construir sistemas «grandes» consiguiendo todo lo anterior, sin que el rendimiento esté penalizado.

Insisto: no estoy en contra de modelos relacionales, ni mucho menos, solo indico que el paradigma de trabajo que describo en este libro tiene más ventajas que inconvenientes en sistemas que van a crecer y cambiar significativamente.

Por cierto, la gestión de los eventos es asíncrona y ocurre en «background», de modo que si se dispara uno tras la interacción con un usuario, los subscritores a ese evento serán invocados «en algún momento» (normalmente milisegundos después), sin afectar a la velocidad de respuesta de la interfaz de usuario.

Componentes igual a funcionalidad muy pequeña y acotada, como hemos descrito como piedra angular de la construcción de Hub de Libros y sistemas similares. Lanzan eventos, los gestionan, lanzan tareas, responden a vistas, generan bloques que se insertan en éstas últimas, exponen una API para otros componentes, etc., pero siempre implementando funcionalidades muy atómicas.

Ahora bien, existen situaciones en las que hay que implementar una funcionalidad más compleja y que afecta a varios componentes diferentes, de modo que para ponerla en marcha, hay que invocar primero esto, después aquello, y luego esto otro.

Ahí entra en juego la «orquestación de componentes» para implementar, digamos, funcionalidad más compleja y de más alto nivel.

En Hub de Libros existen varios componentes cuya única misión consiste en «orquestar» cierta funcionalidad invocando la funcionalidad de otros.

Por poner un ejemplo, ocurren muchas cosas diferentes cuando se registra y activa un nuevo usuario. El componente «master», tan pronto como el usuario es activado, invoca la API de otros componentes, inicializa ciertos recursos para ese nuevo usuario y guarda mucha información en el log. Puesto que hacer todo eso está disperso entre sus componentes individuales, «master» tiene que orquestar ordenadamente todo ello.

Lo mismo ocurre cuando se añade un nuevo autor automáticamente invocando la API de Amazon, algo realmente complejo y que afecta a muchos componentes del sistema. Esto se hace orquestando desde un componente (de nombre «amazon», otra vez, qué original) el funcionamiento de otros.

De esta forma, «orquestando», seguimos manteniendo la funcionalidad atómica de los componentes individuales mientras que existen otros cuya misión es, también de forma simple, conseguir funcionalidad de más alto nivel en procesos más complejos utilizando todo lo que necesitan del resto del sistema.

Enfocando la funcionalidad ciertamente compleja de este

modo, conseguimos seguir disponiendo de un sistema altamente desacoplado y mantenible.

Nada peor que tener una clase, por poner un ejemplo, que hace «demasiadas cosas» invocando la funcionalidad de otras. Puff. Mejor diseñar funcionalidad de forma atómica y que «algo» la orqueste ordenadamente y con el mínimo esfuerzo.

Si cambian los procesos que implementan estas orquestaciones, que cambiarán, nada más sencillo y rápido que modificar el componente que las implementa.

Del mismo modo que en un capítulo anterior hemos visto que «pensar» en acciones que el usuario realiza por pasos genera soluciones más sencillas, pensar también en resolver funcionalidad compleja orquestando componentes nos permite enfocar de forma más simple la solución, aunque sea algo sutil de ver al principio. De ahí que este libro defienda este «paradigma» de implementación de aplicaciones complejas.

{ Tecnologías y Herramientas }

—

Hub de Libros está implementado totalmente con Node.js. Comenzó a gustarme desde el minuto uno en que hice algunas pruebas con las primeras versiones hace muchos años. Desde entonces, lo he utilizado para realizar multitud de proyectos y repositorios propios que comparto en GitHub.

Me gusta Node.js no solo porque es rápido, también porque le da cohesión a un proyecto web con javascript tanto en el lado del cliente como en el lado del servidor. No obstante, el ecosistema de paquetes tan extenso que existe te permite encontrar casi siempre soluciones específicas para las necesidades de tu proyecto, por eso de no reinventar la rueda.

Del mismo modo, en la base de Mantra Framework está Express y su maravilloso mecanismo de «middlewares» con el que los componentes implementados bajo Mantra, pueden resolver de forma sencilla, elegante y eficiente muchas necesidades de funcionalidad.

Actualmente, el ORM que utilizo, de nombre Red Entities, diseñado específicamente para Hub de Libros (y objeto de un nuevo proyecto en GitHub próximamente, como ya he indicado en su capítulo correspondiente), utiliza bases de datos MySql y una instancia de Redis, pero siguiendo mi filosofía de tener el mínimo número de «dependencias duras» en el proyecto, fácilmente se podrá cambiar ese motor de base de datos por cualquier otro tipo tan pronto como sea necesario.

Para la ejecución en producción, utilizo PM2 («process manager for Node.js») en máquinas virtuales desplegadas en una red privada en Digital Ocean. PM2 es una excelente herramienta para controlar los procesos de tu proyecto en ejecución y obtener métricas de rendimiento del mismo (uso de memoria, utilización de CPU, etc.), entre otras muchas cosas.

Una de esas máquinas virtuales está dedicada exclusivamente a Elastic Search, el motor de búsquedas que utiliza el componente «search» de Hub de Libros.

Los tests los ejecuto con «mocha» y la librería «chai»; aunque hay muchas otras, desde un principio me acostumbré a estos dos paquetes y me siento cómodo con ellos.

No utilizo «grunt» ni «gulp» para los procesos de minificación, ofuscación, etc. de los assets de tipo js y css, ya que Mantra permite generarlos «al vuelo».

Si bien hace un tiempo utilizaba Sublime Text para mis proyectos fuera del entorno de .NET Framework, finalmente me pasé a Visual Studio Code, y para ello no puedo dar ninguna explicación de peso, tan solo me resultaba más fácil utilizar Visual Studio ya que también lo uso para los proyectos relacionados con tecnologías de Microsoft. Utilizo diversos «addins» en Visual Studio Code para agilizar la detección temprana de errores y trabajar más cómodamente.

Del lado de la interfaz de usuario, y por la misma razón de no ligarme en exceso a una tecnología en particular, opté por no utilizar frameworks tan respetables y de la altura como Vue.js, Angular o React, puesto que las vistas de Hub de Libros se mantienen intencionadamente sencillas y casi toda la lógica está implementada en el servidor. No obstante, dada la naturaleza de Mantra Framework, cualquiera de sus componentes podrían usar las librerías anteriores sin fricciones.

El «layout» está implementado usando Bootstrap 4. También se utiliza jQuery junto con algunas librerías típicas del entorno web. Todo está desarrollado de una manera sencilla, fácil de mantener y evolucionar. Tanto es así, que si un día decidiéramos prescindir de Bootstrap, la migración no sería traumática.

Utilizo GIT y mi propia instancia de Visual Studio Online para todos los proyectos relacionados con Hub de Libros: Mantra Framework, el mismo sistema compuesto de varias aplicaciones y hasta un repositorio de documentación y otro tipo de assets.

Como puedes comprobar, un kit de tecnologías y herramientas más que suficiente para cubrir todas las necesidades de desarrollo y puesta en ejecución de un proyecto como Hub de Libros y que, sin duda, seguirán siendo la base de todo el trabajo que haga con proyectos basados en Node.js.

En software existen muchas opciones y herramientas

diferentes para desarrollar aplicaciones; lejos de hacer comparaciones infantiles entre «a» y «b», tan típico de nuestro sector, tan solo hay que elegir el kit de herramientas y tecnologías que mejor se adapten a tu proyecto o que incluso te gusten más; lo importante, no lo olvides, consiste en usarlas correcta y eficientemente.

La sencillez en software no solo afecta al código y a su diseño, también a las herramientas y los procesos de trabajo que se implementan con ellas, algo con lo que me he obsesionado para poder avanzar en Hub de Libros y el resto de mis responsabilidades.

Crear software «desacoplado» no es solo cuestión de que sus módulos tengan las mínimas dependencias, también consiste en depender lo mínimo de terceras tecnologías, al menos para proyectos diseñados para un plazo de tiempo muy largo.

Con la decisión de utilizar todo lo anterior en Hub de Libros, me aseguro de no estar vinculado «demasiado» a una tecnología en particular, pensando en un futuro en el que, si todo va bien, el proyecto seguirá vivo por muchos años. De ser así, seguramente el Hub de Libros de dentro de unos años no tenga nada que ver (en funcionalidad, interfaz de usuario y hasta tecnologías usadas) con el actual. Si esa dependencia fuese excesiva, podría poner en peligro esa evolución futura.

Créeme, he visto auténticos dramas en compañías por basar su negocio en un sistema que tiene que estar en ejecución continuamente basado en tecnologías ya obsoletas cuya migración ahora mismo supone un coste y un riesgo altísimo.

En cualquier caso, uses la tecnología que uses, siempre se quedará obsoleta, en «algún momento». Nadie me garantiza que Node.js seguirá existiendo en seis años o que en doce meses no vaya a salir una versión disruptiva que me obligue a hacer una migración dura y costosa. Esto forma parte de la naturaleza del software.

En cualquier caso, la «componetización» del proyecto que permite Mantra Framework, no impide utilizar puntualmente Vue.js, por poner un ejemplo, o que un componente tire de la instancia de un contenedor con Docker, o que incluso otro utilice un servicio específico en la nube, como va a ocurrir dentro de algunas iteraciones. En ese caso, el compromiso y vinculación con esa tercera dependencia no es del sistema completo, tan solo de ese componente, sustituible tan pronto como sea necesario.

{ Tres, dos, uno... }

—

Trabajar duro en un nuevo proyecto durante varios meses, en los que has pasado por algunos altibajos, corregido el rumbo quizá en alguna ocasión, con fines de semana completos trabajando en él y con muchas horas de planificación, documentación, investigación y enormes cantidades de ilusión, genera una excitación difícil de describir en el momento en que todo ello pasa de ser una simple idea y por fin lo conviertes en algo tangible y que se puede ver y usar (y otros usuarios lo pueden juzgar).

Es más, esa sensación de publicar tu trabajo, sea lo que sea, un nuevo repositorio en GitHub, un nuevo libro, o un proyecto para mí tan ambicioso como Hub de Libros, genera, por decirlo de algún modo, cierta adicción que te sirve para continuar trabajando en ese mismo proyecto o en nuevos.

También es toda una responsabilidad y me atrevo a decir que se requiere de cierto valor. ¿Funcionará en la medida en que creo? ¿Saldrá con fallos? ¿Recibiré opiniones contrarias? ¿Será un éxito?

Arrrgggggghhh.

¿Quién lo sabe? Nadie.

¿Qué hay que hacer? Continuar trabajando, pero poniendo el peso en otro tipo de actividades.

¿Qué pasa con las opiniones negativas? Tan solo hay que tomarlas como posibles mejoras.

Cuando lancé mis primeros proyectos independientes al margen de mi «trabajo oficial», hace ya años, caí en todos los errores que se pueden cometer; aunque ahora comprendo que todo ello es algo absolutamente normal, me alegra comprobar que en lugar de desanimarme y abandonar el camino del emprendimiento digital, persistí, aprendí, me formé mucho mejor y no cometí el mismo error más de una vez; esto es, sigo ese modelo de trabajo como profesional.

También me ayudó comprobar que otros muchos seguían este camino y hasta contaban sus experiencias, como los libros de título «Start small, stay small: A Developer's Guide to Launching a Startup» (de Rob Walling) y «Sigue tu Pasión: Consejos para un Nuevo Tipo de Emprendedor» (de Derek Sivers). Puede que estos dos libros me inspirasen en su momento para crear «El Arte del Emprendedor Digital».

Algunos de los proyectos que comentaba antes están integrados en Solid Stack, la compañía para la que dirijo el departamento de desarrollo; otros los hago bajo mi propia compañía (Blanes Medios y Tecnología SL) para dotarles de la estructura legal adecuada. Y otros, sencillamente, los abandoné y ahora los considero como bonitos recuerdos de formación.

¿Y ahora qué?, te preguntas tan pronto como lanzas el

proyecto de forma pública.

Esa pregunta te la realizas las primeras veces que emprendes con algo propio, pensando que el proyecto funcionará por sí mismo, pero ya hemos visto a lo largo de otros capítulos, que publicar un proyecto (que no es más que la materialización de una idea) consiste en comprobar si una hipótesis funciona y esperas que el mercado la valide.

El momento de pasar de una fase a la otra es muy importante y hay que elegirlo bien y hasta con cierto equilibrio:

- No se puede trabajar eternamente en «la idea» gastando horas de trabajo y recursos económicos. Hay que validarla cuanto antes y lo más barato posible, tal y como hemos visto en el capítulo que habla sobre la metodología «lean».

- Tan pronto como publicas, el trabajo técnico (añadir funcionalidad) ya no acapara casi todo el tiempo.

- En la nueva fase, gran parte de las horas se dedican al marketing, en la forma de promoción, realización de campañas, atracción de tráfico, gestión y captación de clientes y usuarios, etc.

- Prevalece una gestión del proyecto más desde el punto de vista de desarrollo de negocio y la consecución de las métricas de éxito que hayas seleccionado.

En otras palabras, esa nueva fase del trabajo consiste principalmente en gestionar, delegar, definir y ejecutar los procedimientos de todo tipo que deberías tener ya identificados: de promoción, de mantenimiento, de gestión de usuarios, económicos, de comunicación, etc. De hecho, te recomiendo un libro que lancé sobre la gestión procedimental y sencilla de proyectos y de título «El Método Lean MP» aunque en el siguiente capítulo hablaremos con más detalle del concepto de «procedimentar».

Es el mismo proyecto, tu misma criatura, pero se ha hecho mayor: su fase de trabajo se transmuta de un día para otro tan pronto como lo pones a disposición de los usuarios.

Cómo lo gestiones y lo que hagas a partir de ese momento es la clave para que tenga éxito.

Yo sé que Hub de Libros, que en el momento de escribir esto cuenta con una versión con mucha funcionalidad pero aún no tiene los objetivos que espero a medio y largo plazo, es aún un producto mínimo viable, digamos que avanzado, pero está en esa fase, y sé perfectamente que según cómo lo gestione y según los procedimientos que defina para ello, funcionará mejor o peor, antes o después. Poco a poco las visitas aumentan y nuevos usuarios se registran, incrementándose el número de libros y autores registrados, y el pago de varios «gigs» cada semana, entre otras métricas de evolución.

No en vano, y por poner un simple ejemplo, «El Libro Negro del Programador» lo publiqué en el 2014, pero no comenzó a generar ventas interesantes hasta un año más tarde. La primera opinión en Amazon no llegó hasta varios meses más tarde de lanzarlo y no fue hasta dos años más adelante cuando comenzó a aparecer regularmente como el número uno más vendido en su categoría.

No esperes que algo te catapulte al éxito por sí solo; esto requiere seguir trabajando y con mucha tenacidad; de ahí que la experiencia que tengo hasta ahora en proyectos emprendedores me haga aconsejar que te lances a algo en lo que tienes una motivación e ilusión extraordinarias, porque de no ser así, tirarás la toalla a la mínima de cambio.

En cualquier caso, sé, por su propia naturaleza, que Hub de Libros, como todo lo que vale la pena, seguirá ese mismo camino y que exige seguir avanzando, «escuchando» las métricas y analíticas que he definido, incluso cambiando éstas, comenzado a delegar en colaboradores y gestionando todo el «feedback» posible.

La gestión de todo esto está muy lejos del alcance de este libro, aunque debes tener en cuenta que en esa nueva fase en la que entras al publicar tu trabajo, es igual de exigente que la primera.

{ Procedimientos }

—

El proyecto ya está en abierto, los usuarios lo pueden utilizar y puede que hasta comience a generar algún tipo de resultados.

Aunque ya hemos visto que el trabajo no termina sino que en esa fase debe continuar centrando los esfuerzos en el desarrollo del negocio y otros aspectos del mismo como la promoción, comunicación al mercado, etc., puede que te preguntes, ¿y ahora cómo hago todo esto?

Mantener un proyecto en vivo no es cosa trivial, hay mucho trabajo en la sombra como sabrás ya a estas alturas del libro. Actividades esenciales de mantenimiento (como backups, «checklists» para la comprobación de que todo funciona correctamente, etc.), tareas de marketing (contactar con posibles clientes, lanzar campañas, plantear Meetups, etc), también actividades de toma de métricas (análisis de los ingresos y gastos, su comparación con meses o semanas anteriores, analítica de todos los datos que has definido como importantes para tu proyecto), incluso la decisión de implementar nueva funcionalidad de forma incremental.

Parece abrumador, pero no lo es, tan solo necesitamos un

método que nos permita empaquetar todo eso en tareas. Recuerda el capítulo anterior de título «El Poder de las Microtareas»; en este caso, estas tareas no son exclusivamente de desarrollo de software.

La cuestión es que este otro tipo de tareas se tienen que hacer regularmente, quizá una vez a la semana o al mes, o quizá a diario, depende de su naturaleza.

Del mismo modo, y puesto que queremos diseñar un sistema que sea capaz de funcionar «sin nosotros», estas tareas deben estar lo más definidas posible para que cualquiera, con el menor esfuerzo de aprendizaje, sea capaz de realizarlas, para, quizá, lanzar nosotros las más relevantes. Para ello, hay que seguir la siguiente regla: el colaborador con menos experiencia en el proyecto debe ser capaz de lanzar cualquiera de esas tareas ya que éstas están bien definidas. Esta es la clave para delegar.

Por último, la mayoría de este otro tipo de tareas generarán algún resultado. Una tarea de mantenimiento, como por ejemplo, la realización de los backups de las bases de datos, tan solo se hace, se comprueba que esté todo bien y poco más, pero otro tipo de actividades, como «ingresos mensuales brutos», «número de usuarios activados» o «desglose de visitas únicas por áreas geográficas», finalizarán con datos que hay que conservar para su análisis comparativo con semanas o meses anteriores. Para ello se puede utilizar una herramienta particular o cualquier otra cosa que sea práctica, como un excel, pero lo importante es guardar el dato para que podamos conocer la evolución del mismo con el tiempo y obtener conclusiones.

Esto es, todo lo anterior lo encapsulamos en el concepto de «procedimiento».

¿Qué es un procedimiento en este contexto?

Por describirlo de forma breve, consiste en una tarea que se ejecuta periódicamente de forma automática o manual, para la que está descrita con exactitud qué hacer y cómo, y que indica además si genera algún dato como resultado y la forma de guardarlo para su análisis posterior.

Un procedimiento es, por tanto, algo muy concreto y que como el resto de las microtareas definidas en este libro, se debe realizar en poco tiempo.

De este modo, según la naturaleza de tu proyecto, definirás un conjunto de procedimientos (que llamamos catálogo de procedimientos) antes o después del lanzamiento del producto mínimo viable.

¿Cuál es tu trabajo principal después de lanzar el PMV? Ejecutar los procedimientos que has definido.

El procedimiento puede estar descrito en un simple documento, con un identificador sencillo (como MNT-01, MNT-02, etc. para los de mantenimiento) y varias secciones indicando todo lo anterior (tipo de recurrencia, descripción, resultados, cómo guardarlos y hasta el tipo de rol de persona que lo debe ejecutar, todo depende de tu proyecto en concreto).

Para tener visibilidad clara de los procedimientos que has definido y en qué momento hay que lanzarlos, puedes incluirlos en un simple documento con una tabla u hoja de cálculo indicando el identificador del procedimiento y la próxima fecha de ejecución, junto con cualquier otro dato que te resulte de utilidad. Es lo que denomino «matriz de procedimientos».

Así, comienza la primera semana del mes, y ya tienes identificados en esa matriz todas las actividades a realizar sobre el proyecto, al margen de aquellas relacionadas con las mejoras del mismo.

Esto es, básicamente, lo que describo con más detalle y muchos ejemplos en mi libro «El Método Lean MP», como una metodología sencilla para realizar todo esto.

Hemos hablado mucho acerca de hacer las cosas necesariamente simples, ¿no te parece que esta metodología para trabajar «sobre tu proyecto» no es simple?

Un punto muy importante: el catálogo de procedimientos se define una vez, pero tu trabajo como responsable (o CEO) del proyecto consiste también, practicando de nuevo kaizen, en mejorarlos, eliminar los que demuestran que son irrelevantes, incluir nuevos, etc. Como cualquier otro aspecto del proyecto este catálogo también evolucionará, de ahí de mantenerlo de un modo insultantemente simple.

Actualmente, en Hub de Libros hay definidos unos treinta procedimientos de trabajo; la mayoría se lanzan una vez al mes y raro es aquel que lleva más de una hora ejecutarse. Poco a poco voy recopilando datos de esto y lo otro, de modo que cuando pasen unos meses, tendré una foto más exacta del funcionamiento de las áreas que a mí me parecen relevantes para el progreso del proyecto.

Este catálogo actual, probablemente no tendrá nada que ver con el de dentro de un año, del mismo modo que Hub de Libros, en su versión actual (la #14) también habrá cambiado para entonces.

{ Simplifica }

—

Llevo muchos años estudiando (e implementando) todo lo relacionado con las prácticas de código limpio y de «refactorings», para lo que he escrito muchos artículos así como «El Libro Práctico del Programador Ágil» e impartido varias formaciones.

He descubierto que cuando un programador lleva varios años haciendo algo a «su modo», con sus vicios y virtudes, es muy difícil cambiar su forma de trabajar.

Esto es totalmente humano: nos aferramos a lo conocido (aunque intuyamos que ahí afuera hay formas mucho mejores). Te vas a dar cuenta de ello si todos tus proyectos los haces más o menos de la misma forma.

Ignoro si es precisamente por haber roto la barrera de los cuarenta años, pero con el tiempo te vas dando cuenta de que se disfruta más de la vida (de tu hogar, de tu familia y amigos) evitando la complejidad y, quizá, instalando en el día a día cierta rutina productiva y creativa.

Esto es, por alguna razón misteriosa, solemos caer en ese error de creer que algo cuanto más complicado, mejor, cuanto más, aún mejor, sin pararnos a pensar en ello ni vislumbrar la posibilidad de que ese algo, sea lo que sea, se puede hacer de un modo más sencillo y con el mismo resultado.

Recuerdo con cariño a un antiguo compañero de trabajo de una etapa laboral anterior; era muy bueno técnicamente, lo que hacía funcionaba, y lo desarrollaba rápido, pero tenía el problema de que solo lo entendía él. Cualquiera que tuviese que asumir algunos de sus proyectos o librerías, tenía un problema serio.

También me he encontrado, a mi pesar, ciertas actitudes de profesionales que intentan hacer las cosas exageradamente complejas adrede (como si así su valor fuese mayor) y hasta clientes que, al percibir la complejidad de un producto, asocian extrañamente que también su valor es mayor.

Mi opinión es que más que añadir complejidad, hay que quitarla y buscar lo simple. Y aún mejor si es extremadamente simple: en tu trabajo, en la forma de abordar proyectos, y también hacer simple el resto de cosas de nuestra vida, las relaciones familiares, nuestro hogar, nuestros hobbies, etc.

Simple no quiere decir fácil, más bien lo contrario. Buscar la sencillez suele ser algo complejo, por extraño que parezca, al menos al principio.

En los últimos años he leído mucho acerca del minimalismo, «downshifting» y conceptos parecidos, para lo que recomiendo un título que me gustó especialmente: «El Arte de Vivir con Sencillez», de un monje zen japonés de nombre Shunmyo Masuno.

¿Y qué tendrá que ver esa filosofía de vivir de forma sencilla con el desarrollo de software?

Pues todo, porque en definitiva, volcamos en nuestro trabajo nuestro modo de pensar y de actuar. La mente dispersa de una persona poco disciplinada, que divaga, desconcentrada, cuyo escritorio de trabajo es un almacén de recuerdos desordenado y cuyo hogar muestra la misma falta de orden (y limpieza), necesariamente va a impregnar su trabajo creativo con su mismo modo de vida.

Sí, Charles Bukowski, por poner un ejemplo, era un gran escritor, pero también un alcohólico amargado y seguramente un cerdo como persona, pero dejemos a los genios como la excepción que confirma la regla.

De unos años hasta ahora, soy un apasionado de la sencillez y de lo simple, y con el tiempo he descubierto que en el desarrollo de software esto trae muchas más ventajas de lo que pueda parecer al principio.

Hacer un proyecto software sencillo no es trivial, es más, pienso que, al contrario de lo que parece, es algo bastante complicado para lo que hace falta mucha experiencia.

Pero también hace falta buscar la sencillez dedicándole tiempo y parte de las iteraciones de desarrollo.

«Esto ya funciona», me digo a menudo, pero «¿hay algún modo de simplificarlo aún más?»

En la realización de productos que lidero para la empresa que es mi principal cliente, siempre organizo «sprints» para mejorar esto y lo otro antes de avanzar con más funcionalidad y, como consecuencia, la velocidad posterior es mayor (cómo me cuesta trasladar esta idea a los responsables de equipos...).

No es un capricho, es más bien una necesidad, sobre todo en productos y proyectos que sabes que te van a acompañar mucho tiempo o que en algún momento tienes que delegar en otros. Cuanto más sencillo, más barato y fácil será su evolución y con más facilidad otros compañeros asumirán ese trabajo. Hazles un favor y déjales las cosas limpias y ordenadas, te lo agradecerán.

Si necesitas comenzar a delegar para crecer profesionalmente y asumir otro tipo de responsabilidades, todo irá mejor si aquello que delegas puede ser digerido fácilmente por otros. Es decir, esa búsqueda de la sencillez en lo posible, te permite más libertad.

Busco siempre soluciones sencillas, lo más sencillo que se pueda poner en práctica, sin sacrificar, claro está, las buenas prácticas y el buen diseño, hasta el punto en el que si veo un trozo de código con cierta complejidad, no me quedo tranquilo hasta que lo «limpio» y encuentro un modo de simplificarlo, algo que quizá casi nunca te lleva más de un minuto.

Curiosamente, al hacer ese trabajo, descubres que esa forma de afrontar la programación genera diseños más robustos, capaces de abordar muchísimo mejor los cambios en el futuro.

Piénsalo, ¿para qué complicarnos la vida cuando podemos vivir de un modo más simple e igualmente gratificante, o incluso más? ¿Por qué implementar algo de forma rebuscada cuando lo podemos hacer con una sencillez envidiable?

De vez en cuando, me gusta realizar el siguiente ejercicio: navego un poco por GitHub a la caza de proyectos que me llamen la atención. Entro en ellos y, sin saber exactamente qué hacen ni cómo, busco puntos de mejora evidentes (para hacerlos más sencillos), reconociendo rápidamente los «bad smells» (o «malos olores») y tratando de imaginar un modo de hacerlo un poco mejor, refactorizando esto o aquello, cambiando esto otro para que esté más limpio y legible.

En ocasiones, me encuentro con auténticas joyas en este sentido, proyectos admirables de desarrolladores con un código envidiable y muy trabajado. Por extraño que pueda parecer, te puedes preguntar... ¿cómo serán el escritorio y la casa de esta persona? ¿Habrá coherencia entre este magnífico trabajo y su modo de vida? Apuesto a que sí.

Añade sencillez a tu trabajo, a tu organización y metodologías, a tu código, a tu forma de expresarte y de comunicar tus ideas y tus presentaciones, al contenido de tus correos y multiplicarás los resultados de todo tipo.

Solo sobrevive lo simple, lo artificialmente complejo suele terminar abandonado.

«Como haces algo, así lo haces todo»

{ Epílogo }

—

Describir todos los aspectos del desarrollo de un proyecto como Hub de Libros, no es tarea fácil y es difícil tratar de desarrollar las cuestiones más importantes sin entrar en demasiado detalle técnico. Espero haberlo conseguido y que al llegar hasta aquí, tengas una mejor idea de cómo se puede lanzar un negocio digital sin dedicar más esfuerzo del necesario y al mismo tiempo, haciéndolo compatible con el resto de tus actividades.

Se puede, claro que sí, pero si sabes cómo, dirigirás mejor tus esfuerzos. Ese es el propósito de este libro.

Puesto que no es tarea trivial, para embarcarte en algo así necesitas contar con una motivación a prueba de balas, sin ella, fácilmente caerías en el desánimo tan pronto como surjan problemas e inconvenientes, y aparecerán, te lo aseguro, entre otras cosas porque nadie mantiene el ímpetu y una motivación constantes, cada día que vivimos es diferente, tenemos experiencias distintas que nos afectan, a veces para bien y otras para mal, de ahí que necesitemos aprender a seguir adelante en esos momentos de flaqueza.

Sin embargo, y si lo piensas bien, todas esas pequeñas piedras en el camino se las encuentran todos los que, como tú, quieren lanzar algo propio; la mayoría se quedan en ese camino, de modo que esos obstáculos los puedes ver como «pruebas» a superar para llegar hacia donde solo arriban unos cuantos.

Los problemas y retos funcionan a modo de filtro, están ahí para confirmar o no si crees en lo que estás haciendo y para crecer y madurar, como persona y como profesional. En cierto modo, debemos convertirnos en profesionales de resolver problemas, propios y ajenos. Cuantos más problemas sepas resolver, más valorado serás.

Quizá Hub de Libros lo he desarrollado con «cierta comodidad» porque antes de este proyecto he realizado muchos otros y trata un ámbito que me apasiona (todo lo relacionado con el mundo del libro y la publicación) implementando ideas que ya había conceptualizado en otros proyectos anteriores.

Vemos muchos proyectos nuevos constantemente, pero no aquellos que fueron abandonados; desconozco el dato y sería imposible averiguarlo con exactitud, pero me atrevo a decir que por cada diez proyectos que se comienzan, solo uno ve la luz.

¿Por qué? Según lo que he visto en mi entorno cercano, y hasta en mí mismo y en las compañías para las que he trabajado, las causas de abandono están relacionadas siempre con no creer «lo suficiente» en el proyecto, asociarse con gente con la que después los roles y responsabilidades no están claramente definidos y por no conocer dinámicas de trabajo productivas como muchas de las expuestas en este libro, como la metodología «lean», la práctica de la mejora continua, simplicidad radical, kaizen, etc.

Comienzo a intuir y a creer de verdad lo que dicen muchos otros autores en sus libros, eso de que el emprendimiento es un camino de desarrollo personal y hasta una forma de vida.

Si se abandona un proyecto a medio camino, no pasa nada, porque la misma experiencia de haber comenzado algo y haber avanzado un poco, te permite experimentar nuevas prácticas y tecnologías, salir un poco de tu «zona de confort» en la que tantos desarrolladores parecen estar obstinados en permanecer levantando muros en su propia carrera profesional. Mejor abandonar cinco proyectos o pruebas de concepto que no comenzar ninguno.

Yo he aprendido mucho de los pequeños éxitos que he tenido, pero tanto o más de los fracasos, no me cabe la menor duda. Del mismo modo, he comenzado proyectos sin demasiada convicción, pero sabiendo que me llevarían a algún sitio (aprender esto o aquello o tan solo experimentar con una idea en ciernes).

¿A dónde me llevará Hub de Libros? No tengo ni idea, pero para eso tengo las analíticas de forma que, poco a poco, los mismos usuarios me irán trazando el camino de lo que funciona mejor (esto es, de lo que quieren). Pero por lo pronto, ahora mismo domino mejor ciertas tecnologías, he programado, limpiado, simplificado y refactorizado código cientos de horas más, he publicado nuevos repositorios en GitHub y he vuelto a madurar una nueva matriz de procedimientos para el desarrollo del negocio, entre otras muchas cosas.

Por si no te has dado cuenta, estamos en un mundo cada vez más tecnológico; esto es imparable y ya se habla de que la automatización y la robotización estarán cada vez más presentes.

Sin embargo, la mayoría de los desarrolladores profesionales de software continúan pensando en un esquema de trabajo de nueve a cinco en el que alguien indica lo que hay que hacer, y, al mismo tiempo, a un ritmo lento pero constante, las empresas cada vez más internacionalizadas, no van por ahí. Estos empleos «de cuello blanco» también van a sufrir una gran transformación, de modo que cada vez más, la modalidad de trabajo de agente libre con habilidades transversales se irá imponiendo: puede que en un futuro no muy lejano, lo normal sea que no tengamos un único empleador, sino que contemos con varios clientes. Esto es, se avecina un cambio de paradigma laboral brutal, lo que requiere de nuevas aptitudes y formas de enfocar el trabajo.

A mayor cualificación como profesional, más oportunidades tendrás de que las cosas te vayan mejor. Y, ¿sabes qué? Esta es la gran noticia: esto depende de ti. Tú eres el responsable de tu formación y de que seas cada vez mejor profesional.

Dedicar horas a un «side project» (en el mundo anglosajón este concepto está mucho más arraigado) te permite mejorar como profesional, distinguirte, y yo diría que hasta divertirte más. A mí, por ejemplo, me ha pasado durante la etapa intensa de desarrollo de Hub de Libros (y en otros proyectos anteriores); mis avances en el proyecto me daban más energía y motivación para el resto de mis responsabilidades.

Mi trabajo en Hub de Libros no ha sido el desarrollo ad-hoc de un proyecto en particular; he puesto unas bases que sin duda voy a reutilizar en otros, al tiempo que ha madurado ideas ya incipientes en proyectos anteriores, como la implementación de flujos de trabajo basado en formularios que se describen en objetos json; de ahí mi interés en madurar Mantra Framework y varias librerías de desarrollo propio, como Red Entities, de las que ya he hablado, y algunos de mis repositorios que están en GitHub. De ese modo, reutilizaré mucho trabajo en futuros proyectos que, sin duda, realizaré con menor esfuerzo o que incluso dirigiré con otros colaboradores.

Como todo proyecto software, siempre se puede mejorar y se puede implementar de muchas formas diferentes, y seguramente todas estén bien, aunque para mí lo más importante es que sea fácil de mantener y de evolucionar, de ahí la naturaleza radical de «componente» en Mantra Framework.

Dirijo el equipo de desarrollo de Solid Stack desde el 2012 en que abandoné un puesto fijo en una «gran multinacional»; mis inquietudes me pedían otro tipo de experiencias. Actualmente tenemos productos desplegados en varios países y trato de imponer dinámicas proactivas para que mis compañeros crezcan como profesionales. Esto es, delego todo lo posible.

Por esa misma razón veo también ciertas dinámicas que nos

impiden avanzar en nuestras carreras: la del empleado acostumbrado a que le digan qué hay que hacer saltando a la responsabilidad de dirigir un proyecto, no es fácil, y también el cambio de sombrero que se produce cuando saltas de dirigir proyectos a «desarrollar el negocio», tampoco es sencillo.

Esto último es difícil para quienes estamos demasiado ligados a lo técnico, pero es imprescindible. De nada sirve un buen proyecto, una buena idea, si no has desarrollado las habilidades relacionadas de un CEO (tampoco es imprescindible hacer un máster para ello). Quizá este término esté sobrevalorado, pero ese papel no es más que el del responsable de desarrollar el negocio y dirigirlo. Ese rol lo tiene que asumir alguien, no esperes a que el proyecto, una vez publicado, funcione solo por sí mismo o por el boca a oreja, esto rara vez ocurre.

Como profesionales de la tecnología, estamos al frente del camino hacia donde va la economía; conocemos su lenguaje y su forma de funcionar. Nunca ha sido tan asumible el coste de la información, utilizando servicios de terceros, librerías, servicios en la nube y hasta funcionalidad extraordinariamente cara hasta hace poco como todo lo relacionado con la inteligencia artificial y el aprendizaje automático. Puedes crear un nuevo proyecto con herramientas y entornos gratuitos.

En otras palabras, lo tenemos mucho más fácil para emprender y materializar ideas que otras profesiones.

¿Por qué no aprovecharlo?

¿Cuál va a ser tu próximo proyecto?

Gracias por leer este trabajo que he realizado con tanta ilusión.

Rafael Gómez Blanes

Sevilla (España), junio de 2020

www.rafablanes.com

contact@rafablanes.com

{ Publica con Hub de Libros }

—

Me llama un poco la atención que, en castellano, apenas exista una generación de profesionales de nuestro sector que escriba acerca de las tecnologías que usan, de sus experiencias, de nuevas propuestas, guías de desarrollo o incluso de nuevas tecnologías creadas por ellos mismos, y sé que existen profesionales magníficos a uno y otro lado del atlántico.

Como llevo todos los capítulos anteriores hablando directa e indirectamente sobre Hub de Libros, me atrevo a terminar este trabajo proponiéndote usar nuestra plataforma para lanzarte al mundo de la publicación y dar a conocer tus obras.

Habrás leído a lo largo de las páginas anteriores sobre las similitudes que suelo realizar entre escribir un proyecto software y un libro, tanto en lo creativo como en la forma de gestionar un proyecto así, de modo que cualquier inquietud que tengas, no tiene excusas.

Acércate a https://www.hubdelibros.com/content/quiero-publicar y ahí tendrás todo aquello en lo que te podemos ayudar para publicar tu trabajo.

{ El Autor }

—

Empresario, desarrollador de software desde hace más años de los que me acuerdo, soy dueño de mi propia compañía (Blanes Medios y Tecnología SL), autor técnico y de varias novelas así como emprendedor digital.

Me titulé como Ingeniero Superior en Informática por la Universidad de Sevilla (España) en el año 2000. Desde entonces ha llovido mucho, he pasado por muchísimas experiencias laborales y profesionales y he visto cómo un gran número de tecnologías caían en la mayor obsolescencia mucho antes de lo previsto.

También emprendo proyectos propios de diversa naturaleza, como Picly.io, Green Kiwi Games, y, actualmente, mi proyecto estrella: www.hubdelibros.com.

Comparto mi actividad profesional y empresarial con la escritura en forma de artículos técnicos, que publico en www.rafablanes.com y en Medium, y también con la publicación de novelas bajo el seudónimo de G. Blanes (como «Patricia», «Las Trillizas y el Club de Escritura» más las que vienen en camino).

En 2014 publiqué «El Libro Negro del Programador», con una revisión en 2017, y que con frecuencia se sitúa como número uno en ventas en Amazon dentro de su categoría; en 2019 terminé «El Libro Práctico del Programador Ágil», una respuesta práctica al primero, así como «El Método Lean MP», una forma de sistematizar la implementación procedimental de negocios y actividades emprendedoras y «The Coder Habits», este último un libro tan original como divertido.

De las compañías en las que he trabajado, no muchas, a decir verdad, Telvent Energía (ahora perteneciente a la francesa Schneider Electric) marcó profundamente mi desarrollo profesional. Gracias a esa empresa, pude participar en proyectos de muchos tipos: nacionales e internacionales, de I+D+i, desarrollo de prototipos, tocando tecnologías muy diversas. Desde C++ hasta que adoptamos la primera versión de .NET framework (no más lagunas de memoria!!!). Pude trabajar programando en ocasiones durante doce horas al día y hasta fines de semana cuando los hitos apretaban. También tuve la oportunidad de participar en diversos equipos de trabajo, algunos de ellos internacionales.

Estuve desplazado en Suecia en 2006 durante año y medio en un proyecto para una compañía eléctrica, lo que me permitió ver de primera mano una cultura laboral diferente (aparte de hartame de bollitos de canela, «meat balls» y de pasar muchísimo frío). Tanto yo como mis compañeros, sufrimos muchas crisis en Gotemburgo en el proyecto para el que trabajábamos, pero las fuimos superando todas hasta atesorar una gran experiencia que ahora recordamos todos con mucho cariño. Si para progresar hay que salir de «tu zona de confort», entonces ya creo que salí de ella, y mucho en aquella época, hasta convertirse casi un hábito para mí hasta el día de hoy.

A partir de mi experiencia sueca, comencé a dirigir pequeños equipos de trabajo en los que decidía completamente la arquitectura y el diseño (y no lo digo con soberbia, todo lo contrario, ese papel viene de la mano de una gran responsabilidad), y también lo más relevante de los desarrollos. También empecé a participar en la redacción de licitaciones y a viajar a muchas partes del mundo incluidas las oficinas de Microsoft en Seattle, y también empecé a interesarme por todo lo relacionado con la cultura del «open source» y del desarrollo ágil y tratar de implantarlo en la compañía para la que trabajaba. Comenzaron mis primeras experiencias como freelance, emprendedor y como consultor externo que traté de compatibilizar fuera de mis responsabilidades laborales «oficiales».

Ya por el 2010/2011 sentía que necesitaba un cambio de rumbo total en mi carrera profesional, de modo que la oportunidad se me presentó poco después. En 2012 dirigí la creación para Telecontrol STM (compañía muy ligada al sector eléctrico en mi país) de una oficina dedicada exclusivamente al desarrollo de software, con recursos, tiempo y equipo suficiente para desarrollar la Plataforma de Telegestión IRIS, un producto que a día de hoy está funcionando con éxito en diversos países:

único producto, misma versión, en distintas instalaciones con sus particularidades.

Desde entonces, toda mi actividad ha estado dedicada al desarrollo de productos (más que de proyectos que comienzan y terminan para clientes finales) y al emprendimiento de proyectos lo más escalables posible, con mayor o menor éxito, tratando de incidir en todas las buenas prácticas que detallo en este trabajo.

En 2017 decidimos realizar un proceso de re-branding y fundar una compañía de software de nombre Solid Stack en lo que era la división software de Telecontrol STM para que así no se nos ligara tanto al sector eléctrico.

Del mismo modo, en estos últimos años me han contratado para realizar algunas charlas así como para impartir seminarios relacionados con el código limpio, refactoring, software ágil, testing y auditorías de calidad de proyectos, volviendo a sorprenderme de la falta alarmante de esta cultura en entornos profesionales. También imparto «mentorías» personalizadas y de grupo, una fórmula de formación cada vez más en auge.

Puedes encontrar algunos de mis repositorios de código en github.com/gomezbl y sin ninguna duda te puedes poner en contacto conmigo en contact@rafablanes.com.

Lector incansable, practicante de yoga y de running, soy padre de dos niñas maravillosas que intento que no se interesen demasiado por el desarrollo de software...

Estoy a tu disposición en www.rafablanes.com

{ Bibliografía }

—

"Code Complete: A Practical Handbook of Software Construction", de Steve McConnel.

"Código Limpio: Manual de Estilo para el Desarrollo Ágil de Software", de Robert C. Martin.

"Culture Decks Decoded: Transform your Culture into a Visible, Conscious and Tangible Assset", de Bretton Putter

"Delegación y Supervisión", de Brian Tracy.

"Imperio Digital", de Raimón Samsó.

"El Arte de Vivir con Sencillez", de Shunmyo Masuno.

"El Club de las 5 de la Mañana: Controla tus Mañanas, Impulsa tu Vida", de Robin Sharma.

"El Código del Dinero", de Raimón Samsó.

"El Código de la Manifestación", de Raimón Samsó.

"El Código del Dinero", de Raimón Samsó.

"El Emprendedor Lean", de Brant Cooper y Patrick Vlaskovits.

"El Libro Negro del Emprendedor", de Fernando Trias de Bes.

"El Libro Negro del Programador", de Rafael Gómez Blanes.

"El Libro Práctico del Programador Ágil", de Rafael Gómez Blanes.

"El Método Lean Startup: Cómo Crear Empresas de Éxito Utilizando la Innovación Continua", de Eric Dries.

"El Método Lean MP", de Rafael Gómez Blanes.

"El Monje que Vendió su Ferrari", de Robin Sharma.

"El Poder de la Disciplina", de Rafael Gómez Blanes.

"El Poder de los Hábitos: Por Qué Hacemos lo que Hacemos en la Vida y en el Trabajo", de Charles Duhigg.

"El Principio de Sorites", de Ian Gibbs.

"Experiencia de Usuario para Lean Startups", de Laura Klein.

"La Era de los Expertos", de Raimón Samsó.

"La Mañana Milagrosa para Emprendedores", de Hal Elrod y Cameron Helrod.

"Lean Analytics: Cómo Utilizar los Datos para Crear más Rápido una Startup Mejor", de Alistair Croll.

"Lean UX", de Jeff Gothelf y Josh Seiden.

"Libertad Financiera: Los Cinco Pasos para que el Dinero Deje de ser un Problema", de Sergio Fernández.

"Los Hábitos Cotidianos de las Personas que Triunfan: ¿Eres búho, Alondra o Colibrí?", de Begoña Pueyo.

"Los 3 Árboles del Dinero", de Raimón Samsó.

"Los 7 Hábitos de la Gente Altamente Efectiva", de Stephen R. Covey.

"Mañanas Milagrosas: Los 6 hábitos que Cambiarán tu Vida antes de las 8:00", de Hal Elrod.

"Mapas Mentales", de Tony Buzan.

"Misión Emprender", de Sergio Fernández y Raimón Samsó.

"Móntatelo Por Internet: Cómo Emprender Tus Negocios Online, Ganar Dinero por Internet y Vivir La Vida Que Sueñas", de Victor Espig.

"Organízate con Eficacia", de David Allen.

"Patrones de Diseño", de Erich Gamma.

"Planifica Tu Éxito, De Aprendiz A Empresario", de Roberto Canales Mora.

"Pomodoro Technique Illustrated", de Staffan Noteberg.

"Refactoring: Improving the design of existing code", de Martin Fowler y Kent Beck.

"Running Lean: Cómo Iterar de un Plan A a un Plan que Funciona", de Ash Maurya.

"Soft Skills: The Software Developer's Life Manual", de John Sonmez.

"Start Small, Stay Small: A Developer's Guide to Launching a Startup", de Rob Walling.

"The Agile Samurai: How Agile Masters Deliver Great Software", de Jonathan Rasmusson.

"The Clean Coder: A Code of Conduct for Professional Programmer", de Robert C. Martin.

"The Coder Habits: Los #39# Hábitos del Programador Profesional", de Rafael Gómez Blanes.

"The Nature of Software Development: Keep it Simple,Keep it Valuable, Build it Piece by Piece", de Ron Jeffries.

"The Pommodoro Technique", de Francesco Cirillo.

"The Pragmatic Programmer", de Andrew Hunt.

"Vivir con Abundancia", de Sergio Fernández.

"Vivir sin Jefe", de Sergio Fernández.

"100€ startup", de Chris Guillebeau.

{ Otros Trabajos de Rafael Gómez Blanes }

—

A continuación te muestro todas mis obras técnicas escritas hasta el momento. Todas las puedes adquirir en Amazon y en Google Play Books. Más información en www.rafablanes.com

El Libro Negro del Programador_

En 2014 publiqué la primera edición de El Libro Negro del

Programador, con una segunda versión revisada en 2017. En ese primer trabajo, indicaba todas aquellas malas prácticas que hacen que un proyecto software termine en fracaso, desde las malas dinámicas de grupo y falta de metodología hasta por qué se produce la «deuda técnica».

En cierto modo, El Libro Práctico del Programador Ágil es la versión técnica de aquel primer libro que tan buena acogida ha tenido estos años.

El Libro Práctico del Programador Ágil_

Una introducción al ciclo completo de desarrollo de software desde un enfoque ágil. Este libro reúne las prácticas más habituales de código limpio, refactoring, principios de diseño, testing y gestión de la configuración, junto con reflexiones acerca de la naturaleza creativa y artística del software y técnicas de productividad para desarrolladores. Si te gustó El Libro Negro del Programador, en este nuevo trabajo de Rafael Gómez Blanes, encontrarás las claves esenciales para cualquier programador profesional, con decenas de ejemplos extraídos de proyectos reales en C# y Javascript. Con presentación de Aurelio Gandarillas, experto en testing y calidad de software.

Aprende a emprender

El método Lean MP

Gestiona tu proyecto emprendedor de forma sencilla,
simple y eficaz mediante la Matriz de Procedimientos

RAFAEL GÓMEZ BLANES

Autor de El Libro Negro del Programador
y El Libro Práctico del Programador Ágil

Ediciones BMT

El Método Lean MP

Desarrollar un proyecto emprendedor, digital o no, es una actividad apasionante, creativa y la puerta para posicionarte como mejor profesional, mejorar tus ingresos y crecer. Pero... ¿qué ocurre una vez que has puesto tu proyecto a disposición de los usuarios? Las ventas nunca llegan solas. La gestión posterior al lanzamiento es igual o más importante que la solución, producto o servicio que ofreces. Siguiendo la metodología "lean", con el método Lean MP y su Matriz de Procedimientos, tienes una forma sencilla, práctica y ágil de gestionar, controlar y mejorar todos los aspectos de tu negocio, sin necesidad de un MBA de renombre ni de contratar a un CEO multimillonario.

Con este libro, aprenderás a responder a las siguientes preguntas: ¿Cómo gestiono y hago progresar el proyecto después de sacarlo a la luz? ¿Hay un modo de automatizar y sistematizar ese trabajo? ¿Cómo puedo conseguir que avance sin tener que dedicarle todo mi tiempo y poder delegar? ¿Se puede sistematizar la gestión de un negocio y, por tanto, sus resultados? ¿Cómo aplico la metodología "lean" para avanzar y progresar en mi proyecto emprendedor? Por el fundador de Picly.io y autor de El Libro Negro del Programador y El Libro Práctico del Programador Ágil.

The Coder Habits

LOS #39# HÁBITOS
DEL PROGRAMADOR
PROFESIONAL

Rafael Gómez Blanes

Autor de El Libro Negro del Programador
y El Libro Práctico del Programador Ágil

Ediciones BMT

The Coder Habits: Los #39# Hábitos del Programador Profesional

Un buen programador no solo escribe código sino que, además, incorpora en su día a día rutinas, trucos y actitudes que le permiten ser más productivo, más creativo y un profesional aún mejor. Repítelas y asúmelas como algo natural hasta convertirlas en hábitos y, solo entonces, habrás dado un salto de nivel en tu carrera.

Lo único que distingue a un buen profesional de otro del montón, son sus hábitos.

No es necesario trabajar muchas más horas, sino hacerlo con más eficacia, productividad y más concentrado. No generes software con tantos bugs sino que programa mejor con las buenas prácticas de diseño y código limpio. Adopta las 'soft-skills' necesarias para un programador. Tampoco es necesario esforzarse hasta la extenuación, sino asumir de verdad los hábitos de un programador experto y más cotizado. Y así hasta completar las treinta y nueve píldoras de sabiduría descritas en el libro que te van a llevar varios pasos más allá en tu carrera.

Comprenderás por qué hay quienes hace mucho más con menos esfuerzo, y quienes se esfuerzan mucho y consiguen poco.

En 'The Coder Habits: Los 39 hábitos del programador profesional', están descritos todos estos hábitos, entre técnicos y de otra naturaleza, que multiplicarán tus resultados y te permitirán entrar en el grupo del 10% de los mejores.

Por el autor de 'El Libro Negro del Programador' (n°1 en ventas en Amazon en su categoría), 'El Libro Práctico del Programador Ágil' y 'El Método Lean MP'.

Libro ecléctico y único en su género, 'The Coder Habits' desmuestra que no puede haber desarrollo técnico sin desarrollo personal, y que solo sumando ambas facetas, serás un gran profesional.

{ Si Te Ha Gustado Este Trabajo... }

—

Para mí escribir un libro como este es un proyecto en sí mismo que, al igual que el resto de proyectos software que encaro, pretende ayudar un poco a los demás.

En realidad, nuestro trabajo consiste siempre en resolver problemas ayudando a otros, y, a cambio, recibimos esa energía que damos en forma de remuneración.

Te pido un favor, si en el contenido de este libro has encontrado información de utilidad, quizá inspiración para embarcarte en un nuevo proyecto y hasta mejorar tus propósitos, te agradecería que dejaras un comentario positivo (pero honesto, claro) en la plataforma donde lo hayas adquirido.

Con mucho agradecimiento porque hayas leído hasta aquí, te mando un afectuoso saludo.